广州生物医药产业创新发展研究

刘溉 等 编著

SPM 南方传媒
广东经济出版社
·广州·

图书在版编目（CIP）数据

广州生物医药产业创新发展研究 / 刘溉等编著 .
广州：广东经济出版社，2025. 6. -- ISBN 978-7-5454-9435-8
Ⅰ. F426.77
中国国家版本馆 CIP 数据核字第 202446BP80 号

责任编辑：林跃藩　冯颖
责任校对：陈运苗
责任技编：陆俊帆

广州生物医药产业创新发展研究
GUANGZHOU SHENGWU YIYAO CHANYE CHUANGXIN FAZHAN YANJIU

出 版 人：刘卫平
出版发行：广东经济出版社（广州市水荫路 11 号 11 ～ 12 楼）
印　　刷：珠海市国彩印刷有限公司
（珠海市金湾区红旗镇虹晖三路北侧、永安一路西侧）

开　　本：730 mm×1020 mm　1/16　　印　　张：14.25
版　　次：2025 年 6 月第 1 版　　印　　次：2025 年 6 月第 1 次
书　　号：ISBN 978-7-5454-9435-8　　字　　数：183 千字
定　　价：78.00 元

前　言

当下，生物医药产业正处于技术革命与人类生命健康需求交会的关键节点。人口老龄化、慢性疾病负担加重，以及《"健康中国2030"规划纲要》的深入推进，引发了对创新药物、先进医疗器械和前沿生物技术的迫切需求。与此同时，基因编辑、细胞治疗、人工智能药物研发等先进技术加速从实验室走向临床应用，重塑产业格局。全球政策环境、资本市场动态和可持续发展的要求进一步加剧了产业的变革与挑战。中国生物医药产业的快速崛起，以及全球医疗体系的重塑，更凸显了深入研究和把握这一领域发展趋势的重要性。本书旨在通过对广州生物医药产业的全面剖析，为读者呈现一幅清晰的产业图谱，助力政策制定者和相关企业在创新与变革中抓住机遇，推动广州生物医药产业的持续进步。

本书共分为六章：第一章简要分析全球生物医药产业规模、生物医药产业重点领域发展情况、全球主要国家和地区生物医药产业发展情况；第二章跟踪研究中国生物医药产业规模、创新进展等；第三章深入分析广州生物医药产业发展形势及产业链、创新进展等，通过与国内重点城市比较，分析广州生物医药产业创新的特点与不足；第四章主要通过耦合度及耦合协调度分析来研究广州生物医药产业对广州整体发展的支撑作用；第五章搜集、甄选、分析广州生物医药产业的"卡脖子"技术，并结合资金、人才和政策等来研究广州生物医药产业需重点解决的问题；第六章通过归纳广州生物医药产业创新发展的研究结论，从战略定位、创新平台、技术突破、成果转化、产业生态等方面提出创新发展建议。

广州生产力促进中心有限公司（广州创新战略研究院）对广州生物医药产业创新发展情况进行了多年的跟踪研究，目的是摸清广州生物医药产业创新发展的堵点、痛点，为产业高质量发展出谋划策。本书课题组由刘溉、练冠华、郑国雄、李伟组成，尽管各成员在所在专业领域具备一定的研究经验，但由于研究视野、数据获取等方面的客观限制，书中仍存在不足之处，恳请读者批评指正。

本书为广州新型智库决策成果。

本书课题组

2024年12月

目 录

第一章 全球生物医药产业发展新动向

第一章　全球生物医药产业发展新动向

一、全球生物医药产业规模

1. 药品市场规模

从全球药品市场规模来看，全球增长咨询公司弗若斯特沙利文（Frost & Sullivan）的统计数据显示，全球药品市场规模由2016年的11530亿美元增长至2019年的13245亿美元，2020年受新冠疫情等因素的影响下降至12988亿美元，2021年回升到13934亿美元。2023年全球药品市场规模达到15572亿美元，同比增长5.44%（见图1-1）。估测2025年全球药品市场规模

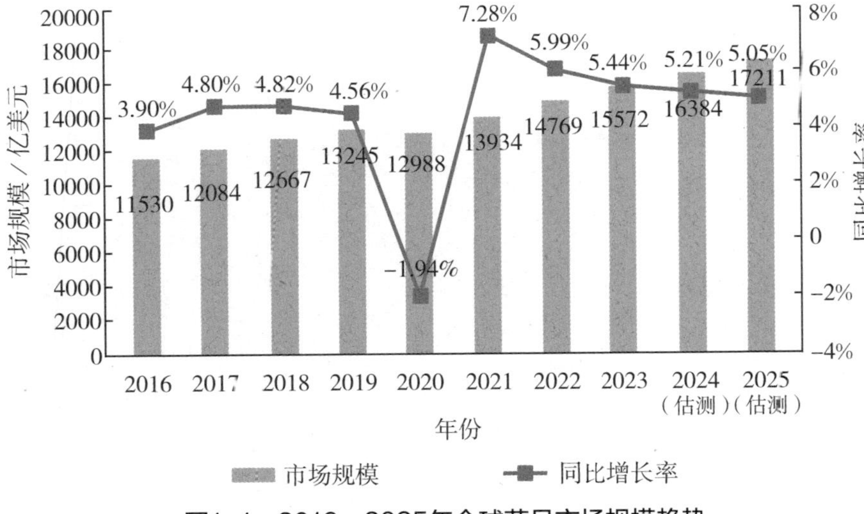

图1-1　2016—2025年全球药品市场规模趋势

数据来源：Frost & Sullivan。

将达到17211亿美元，预计未来5年每年维持4%～5%的增长率。

2016年以来，全球药品市场中，创新药市场规模占比越来越大。2023年全球创新药市场规模约10886亿美元（见图1–2），2016—2023年创新药市场规模年均复合增长率为4.6%。据估测，2025年全球创新药市场规模将达到12174亿美元，2020—2025年创新药市场规模年均复合增长率将达到5.3%。

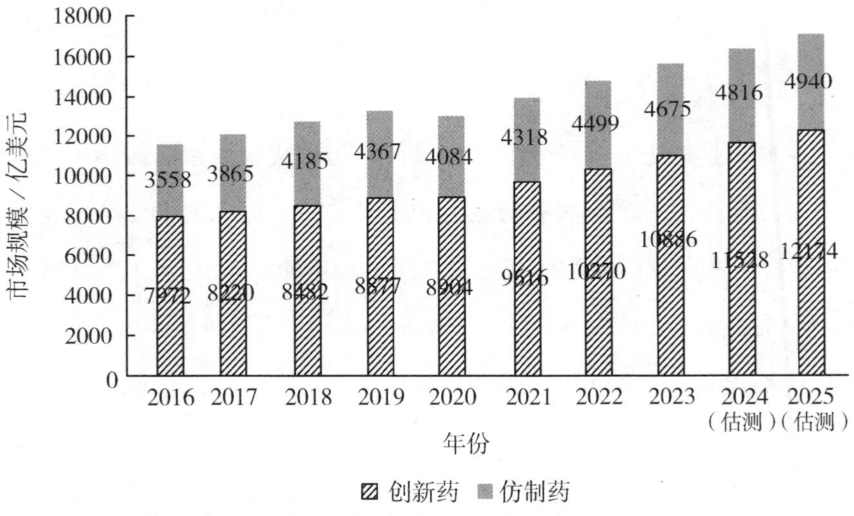

图1–2　2016—2025年全球药品细分市场规模

数据来源：Frost & Sullivan。

2. 药品类型

全球药品市场主要由化学药和生物药两大板块组成。2022年，化学药占比较大，达74.3%；生物药占比为25.7%（见图1–3）。

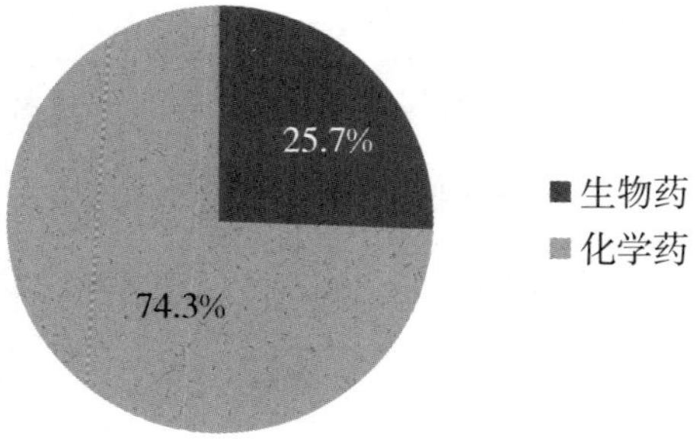

图1-3　2022年全球药品市场药品类型占比

数据来源：Frost & Sullivan。

化学制药业是化学原料分解、合成技术与现代临床诊断医学相结合的制造工业，是衡量一个国家制药能力和水平的主要标志之一。全球化学药的市场规模由2016年的9328亿美元增长至2019年的10380亿美元，2020年下降至10009亿美元，2022年又回升到10979亿美元。估测2025年全球化学药的市场规模将达到11813亿美元（见图1–4）。

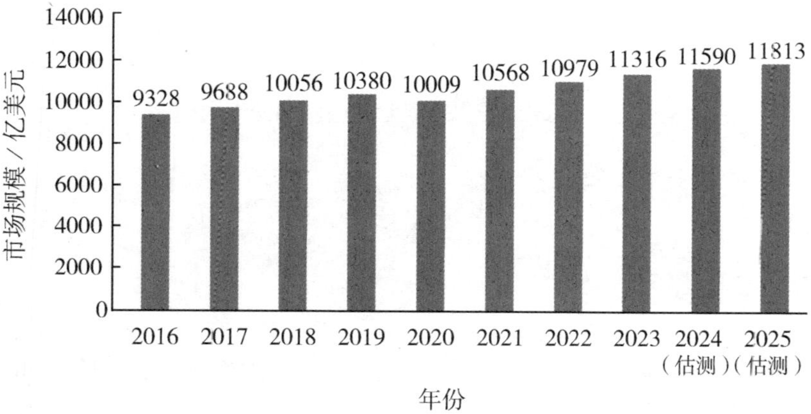

图1–4　2016—2025年全球化学药市场规模

数据来源：Frost & Sullivan。

生物药是指运用微生物学、生物学、医学、生物化学等的研究成果，借助生物体、生物组织、细胞、体液等，综合利用各学科的科学原理和方法制造的一类用于疾病预防、治疗和诊断的制品。全球生物药市场规模由2016年的2202亿美元稳定增长至2022年的3790亿美元。估测2025年全球生物药市场规模将达到5301亿美元（见图1-5）。

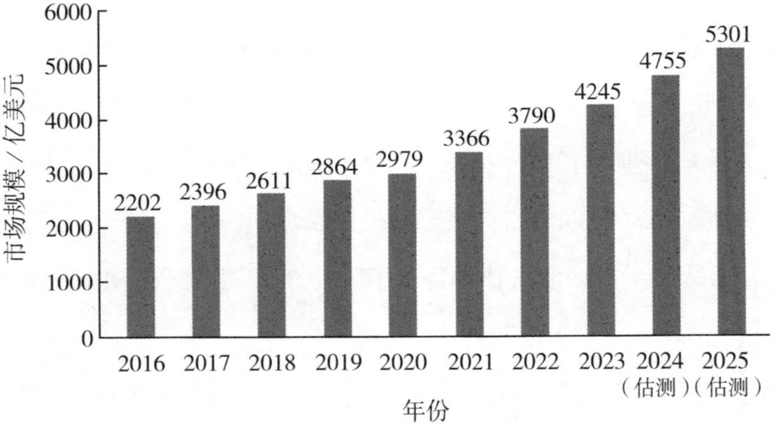

图1-5　2016—2025年全球生物药市场规模

数据来源：Frost & Sullivan。

3. 全球畅销药排行榜

全球生物药市场蓬勃发展。随着生物技术的快速发展，生物药的品种与治疗范围不断优化，安全、有效、用途广等优势特征凸显，市场规模及份额快速扩大，抗体药成为全球最畅销且增速最快的药物。Evaluate Pharma（市场调研机构）数据显示，2012年后每年至少有7款生物药位列全球畅销药前10，全球药物销售额前10中生物药销售额占比达54%。

根据全球制药公司2023年财报披露的药品销售数据，年销售额超过10亿美元的品种可称为“重磅炸弹”，而随着药价的不断上涨，2023年全球销售额排名前10的品种（按通用排名计）销售额都超过百亿美元，药品市场已进入百亿美元时代。

辉瑞的Comirnaty（复必泰）成为2022年畅销药第一名，艾伯维的Humira（阿达木单抗）和默沙东的Keytruda（帕博利珠单抗，俗称K药）紧随其后。排名前3的药品的销售额分别为378.06亿美元、212.37亿美元、209.37亿美元。全球畅销药前10名的销售额合计1753.2亿美元。从治疗领域来看，新冠病毒疫苗、中和抗体、口服抗病毒药物销售额总计为965.45亿美元，总体较2021年的865.7亿美元增长11.5%。但分种类的话，新冠病毒疫苗销售额下降0.9%，中和抗体销售额下降33.3%，主要增量在口服抗病毒药物上。

2022年销售额超过100亿美元的药品有8个，其中3个为新冠病毒疫苗和抗新冠口服药物。但2023年这3个产品的销售额都大幅下滑，Spikevax（COVID-19疫苗）和Paxlovid（帕罗维德）跌出“百亿美元俱乐部”；2022年居销售额首位的Comirnaty在2023年销售额下滑70%，以112亿美元的销售额成为“百亿美元俱乐部”里唯一一款新冠相关药品。

取代Comirnaty登上“药王”宝座的是默沙东的Keytruda。该药是一种抗PD-1单克隆抗体，2014年9月获美国食品药品监督管理局（FDA）批准上市，是全球第二款获批的PD-1单抗药物。Keytruda已在18种肿瘤中获得45项适应证的批准，而且默沙东还在不断拓展该药的应用场景。因此，未来几年Keytruda的销售额预计将持续增长，直到2028年专利到期，迎接生物类似药的挑战。

从药物所属企业来看，2023年百强药品中有12款药属于强生；罗氏有

11款药上榜，阿斯利康有10款药上榜，诺华有9款药上榜，辉瑞有8款药上榜，艾伯维和百时美施贵宝各有7款药上榜（见图1–6）。

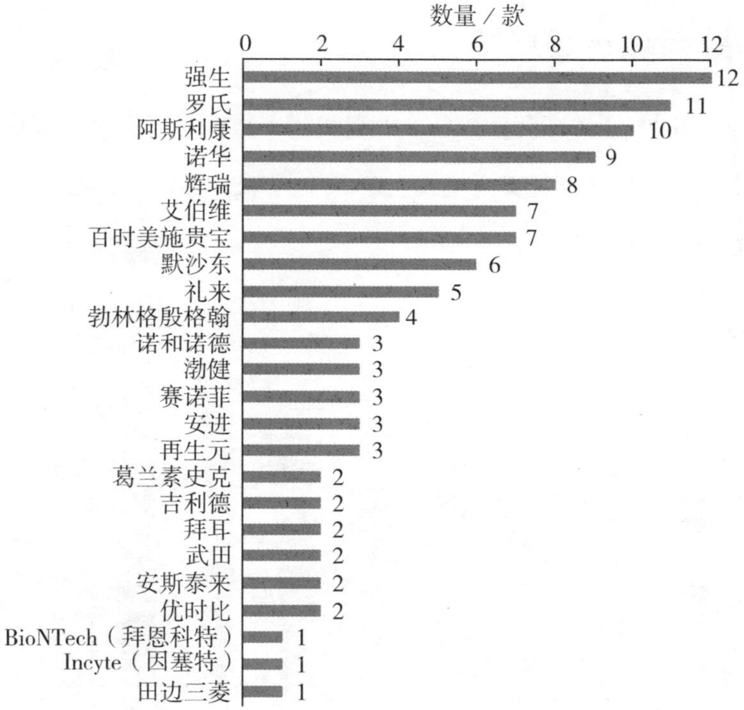

图1–6 各大制药企业进入销售额前100名的药品种数

数据来源：Evaluate Pharma。

按类别来说，化学药和单克隆抗体药物仍是主力。包括mRNA疫苗在内的疫苗尽管只有9款上榜，但销售额占比达到17%。2021年，辉瑞/BioNTech（拜恩科特）的新冠mRNA疫苗以367.81亿美元的年销售额跃升至榜首。新冠病毒疫苗和中和抗体的销售额顶峰大多在2021年达成；而以Paxlovid和Molnupiravir（莫诺拉韦）为代表的口服抗病毒药物则在2022年开始大放异彩。疫苗Comirnaty和口服抗病毒药物Paxlovid为辉瑞带来了历史性佳绩，2022 年其营收超过千亿美元，这两款产品的销售额共计 567 亿美元。随着新冠疫情形势的变化，新冠药物市场在 2023 年进入调整期。

4. 医疗器械市场规模

Evaluate MedTech（国际医疗行业调研机构）数据显示，全球医疗器械市场规模由2017年的4050亿美元增长至2023年的5628亿美元（见图1-7），年均复合增长率达5.64%。

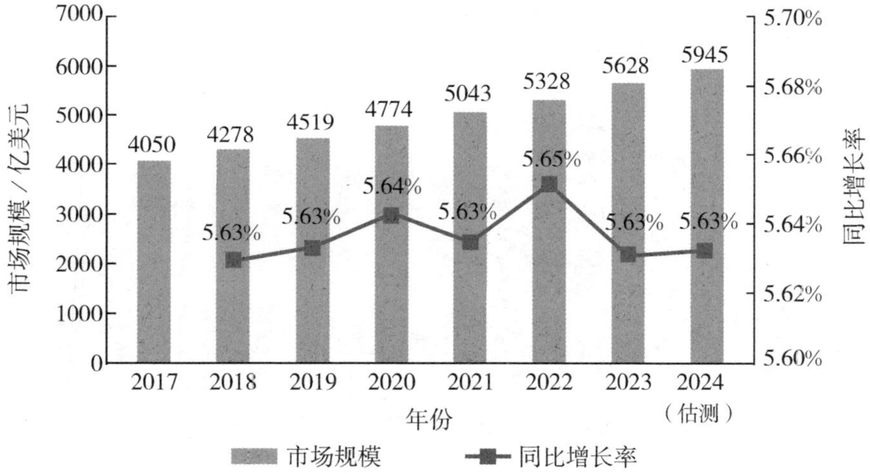

图1-7 2017—2024年全球医疗器械市场规模

数据来源：Evaluate MedTech。

医疗器械行业网站Medical Design & Outsourcing发布了2023年全球医疗器械公司百强榜单。美敦力、强生、西门子医疗蝉联营收前三强。中国企业排名最高的是迈瑞医疗（第27位）。排名前10的医疗器械企业分别是美敦力、强生、西门子医疗、麦朗、飞利浦、史赛克、GE医疗、嘉德诺、百特、雅培，其中美敦力以312.27亿美元的营收蝉联榜单首位，强生和西门子医疗分别位列榜单第2位、第3位（见表1–1）。

从营收规模来看，医疗器械百强企业中有13家企业营收突破100亿美元，11家企业营收在50亿～100亿美元，49家企业营收在10亿～50亿美元，其余27家企业营收在10亿美元以下。

从地区分布来看，美国共计有55家企业入围全球医疗器械公司百强榜单，上榜企业数量居全球第一。日本有14家企业入围，德国有7家企业入围，瑞士和丹麦各有4家企业入围，英国和瑞典各有3家企业入围。

表1–1　2023年全球医疗器械企业前10位

排名	企业名称	营收/亿美元		同比
		2023年	2022年	
1	美敦力	312.27	316.86	—
2	强生	274.00	271.00	—
3	西门子医疗	228.00	205.17	—
4	麦朗	212.00	202.00	上升1位
5	飞利浦	187.18	202.96	下降1位
6	史赛克	184.49	171.08	上升1位
7	GE医疗	183.41	177.25	下降1位
8	嘉德诺	158.87	159.00	—
9	百特	151.13	127.84	上升1位
10	雅培	146.87	143.67	下降1位

数据来源：Medical Design & Outsourcing。

二、生物医药产业重点领域发展情况

1. 基因疗法

（1）基因疗法上市步伐大大加快

基因疗法具有一次治疗让患者受益终身的潜力，然而作为新的治疗模式，它在研发上经历过患者死亡带来的“严冬”。近年来，随着基因治疗技术的日渐成熟，基因疗法获批速度明显加快。2022年已经有6款基因疗法首次获得美国或者欧盟监管机构的上市批准。FDA预计到2025年后批准的细胞和基因疗法可达每年10～20个，FDA局长曾表示，为了应对细胞和基因疗法监管申请的大幅度增长，未来5年FDA将大幅度增加对细胞和基因疗法的监管人员配置。

（2）基因编辑技术CRISPR市场价值跃升

2020年11月，礼来与基因编辑公司Precision BioSciences达成一项潜在收益高达27亿美元的合作，开启了对杜氏肌营养不良（DMD）基因疗法的布局。拜耳的投资机构Leaps by Bayer牵头为Metagenomi（一家开发基于CRISPR的基因编辑系统的公司）提供了6500万美元的A轮融资，用于开发细胞和基因疗法。

基因编辑为开发细胞和基因疗法、治疗甚至治愈疾病铺平了道路。以镰状细胞贫血（SCA）为例，至少有8项FDA批准的临床试验，使用基于CRISPR的疗法治疗SCA。首款治疗SCA的基因编辑疗法在2023年获得FDA的批准。不过，基因编辑广泛使用的前提是解决生产问题，体外基因编辑的细胞疗法生产过程烦琐并且成本不菲，如果新的递送模式能够避免体外基因编辑，对于扩展基因编辑疗法的应用将起到变革性的作用。

未来十年，基因编辑领域将在机器学习、活细胞成像、更快速的DNA测序等技术的推动下更快发展。人们将看到更多临床试验，为设计新一代细胞和基因疗法提供数据。随着治疗疾病的安全性和效力得到确立，CRISPR有望成为神经退行性变性疾病和心血管疾病的预防性疗法。通过CRISPR改造生产的产品，不管是用于移植到人体的猪器官、耐旱高产的农作物，还是利用CRISPR编辑改善人类健康的微生物组，都将变得更为常见。

2. 药物研发

（1）阿尔茨海默病抗体疗法3期临床试验显著延缓认知衰退

阿尔茨海默病是全球老年人中最常见的神经退行性变性疾病，而淀粉样蛋白假说是过去几十年里研究最多的解释阿尔茨海默病机制的假说。然而，靶向淀粉样蛋白疗法在临床试验中却没有表现出明显的效果。

2022年，卫材和渤健联合研发的靶向淀粉样蛋白抗体疗法在3期临床试验中获得积极结果。其不但能延缓评估患者认知和日常功能的CDR-SB综合评分的增加速度，而且能在评估认知水平下降的ADAS-Cog14评分和评估患者日常生活能力（比如穿衣、清洁、购物）的ADCS MCI-ADL评分中显示出延缓疾病进展的效果。阿尔茨海默病协会（Alzheimer's Association）称之为针对阿尔茨海默病背后机理的临床试验中获得的最鼓舞人心的结果之一。

Lecanemab（仑卡奈单抗）已接受FDA的审评，在2023年获批加速上市，为阿尔茨海默病患者提供了新的治疗选择。虽然Lecanemab的积极结果不代表所有靶向淀粉样蛋白疗法都会成功，但是业界专家表示，将通过生物标志物从阿尔茨海默病患者中招募一致性更高的患者群体进行临床试验，以及开发针对生物标志物的靶向疗法这一系列策略，并通过临床试验，验证在研疗法是否有效。

（2）单抗药物开发或将进一步加快

单抗药物为生物创新药中占比最大的类别，技术成熟度较高，PD-1、PD-L1等部分靶点竞争白热化。随着重磅药物专利到期、中国医药企业研发能力快速增强，以及国家新药研发鼓励政策频出，国内单抗药物研发较为热门，参与者众多。2022年，美国或欧盟首次批准的抗体疗法的年度数量与2018年、2021年的13种的记录持平，13种单克隆抗体的新疗法获得批准。2022年国内9款创新生物药获批，全部为单抗药物（见表1-2）。

表1-2　2022年国内获批的9款创新生物药的基本情况

通用名	靶点	领域	适应证	获批时间
戈沙妥珠单抗	TROP2	乳腺癌	用于治疗接受过至少两种系统治疗的不可切除的局部晚期或转移性三阴性乳腺癌（TNBC）成人患者	2022年6月
曲妥珠单抗	HER2	乳腺癌	联合化疗用于治疗早期和转移性HER2阳性乳腺癌患者	2022年9月
雷莫西尤单抗	VEGFR2	胃癌	联合紫杉醇用于在含氟尿嘧啶类或含铂类化疗期间或化疗后出现疾病进展的晚期胃或胃食管结合部腺癌患者的治疗	2022年3月

续表

通用名	靶点	领域	适应证	获批时间
斯鲁利单抗	PD-1	MSI-H实体瘤	用于治疗经过标准治疗失败的、不可切除或转移性微卫星高度不稳定型（MSI-H）实体瘤	2022年3月
		鳞状NSCLC	联合化疗（卡铂、白蛋白紫杉）一线治疗局部晚期或转移性鳞状非小细胞肺癌	2022年10月
普特利单抗	PD-1	MSI-H或dMMR实体瘤	用于治疗不可切除或转移性的MSI-H或dMMR晚期实体瘤	2022年7月
		黑色素瘤	用于治疗既往接受全身系统治疗失败的不可切除或转移性黑色素瘤	2022年9月
卡度尼利单抗	PD-1/CTLA-4	宫颈癌	用于既往接受含铂化疗失败的复发或转移性宫颈癌患者的治疗	2022年6月
瑞帕妥单抗	CD20	弥漫性大B细胞淋巴瘤	联合CHOP（环磷酰胺、多柔比星、长春新碱、泼尼松）方案治疗弥漫性大B细胞淋巴瘤（DLBCL）	2022年8月
莫格利珠单抗	CCR4	罕见非霍奇金淋巴瘤	用于治疗既往接受过至少一次全身性治疗的蕈样肉芽肿（MF）或Sézary综合征（塞扎里综合征，SS）成人患者	2022年10月
那西妥单抗	GD2	神经母细胞瘤	与粒细胞-巨噬细胞集落刺激因子（GM-CSF）联合给药，用于治疗伴有骨或骨髓病变，对既往治疗表现为部分缓解、轻微缓解或疾病稳定的1岁及以上儿童或者成人复发性或难治性高危神经母细胞瘤患者	2022年11月

资料来源：国家药品监督管理局。

（3）双抗、抗体偶联等药物形式获追捧

抗体偶联药物（ADC）临床疗效展现出较大优势，近年来逐步成为市场热点，进入上市密集期。ADC由于显著的临床效果和部分上市药物近年来较好的销售数据，得到主要药企的追捧。我国企业采取快跟模式，成功率较高，部分企业产品进入临床试验Ⅲ期。双特异性抗体虽过往销量数据表现较弱，但未来具备一定增长潜力。全球已上市3个双抗产品，基于双特异性抗体较好的疗效和机理，未来市场具备一定增长潜力。我国企业起步较晚，部分产品陆续进入临床试验Ⅰ期或试验Ⅱ期，涌现出部分新兴研发企业。

随着生物技术的发展和国产PD-1、PD-L1药物开发浪潮的席卷，国内抗体药物的开发技术持续升级，双特异性抗体、三特异性抗体甚至四特异性抗体等新型药物形式不断涌现。此外，ADC药物的成功，特别是DS-8201（Enhertu，德曲妥珠单抗）的横空出世，使得HER2再次成为热门领域的竞争靶点。因此，基于PD-1、PD-L1、CD3、CD47、4-1BB、HER2和CLDN18.2等靶点组合的多特异性抗体（尤其是双特异性抗体）受到青睐。国家药品监督管理局药品审评中心（CDE）于2022年发布的《双特异性抗体抗肿瘤药物临床研发技术指导原则》，将为双特异性抗体的未来临床开发提供指导意义。

（4）针对新冠病毒的药物研发

2022年，多款新冠病毒疫苗及药物获批使用，在一定程度上对新冠病毒感染起到预防和治疗作用。然而，新冠病毒不断变异，及时开发出有效预防新冠病毒感染的疫苗和高效治疗药物仍是当时全球公共卫生面临的重大难题。mRNA创新疫苗技术显示了其在传染病防控中的巨大潜力，口服小分子抗病毒药物开发被寄予厚望，广谱新冠病毒疫苗和药物也在持续探索研发中。

受益于Comirnaty和Paxlovid的强劲销售，辉瑞在2022年以超千亿美元营收重回全球制药企业榜首，吸引国内企业竞相布局mRNA技术和产品。截至2022年11月，全球获批紧急使用授权（EUA）的新冠病毒疫苗有33款。其中，国外批准使用的新冠病毒疫苗以腺病毒载体疫苗、重组蛋白疫苗、mRNA疫苗为主，中国企业研发的疫苗有7款获批EUA，这些疫苗的有效性都在临床试验中得到了验证。

除了新冠病毒疫苗，截至2022年11月，全球范围内批准使用的抗新冠病毒药物已超过30种。全球抗新冠病毒在研药物管线主要包括抗病毒中和抗体、小分子抗病毒药物等。在国内，君实生物的RNA聚合酶（RdRp）抑制剂VV116已完成一项对比奈玛特韦片/利托那韦片组合药物（Paxlovid）用于伴有进展为重度包括死亡高风险因素的轻至中度新型冠状病毒感染患者早期治疗的Ⅲ期注册临床研究，同时还在不同地区开展了多项VV116的国际多中心Ⅲ期临床试验。先声药业与中国科学院上海药物研究所、武汉病毒研究所合作的抗新冠病毒（SARS-CoV-2）候选创新药先诺欣评估治疗轻中度新冠病毒成年感染者的有效性和安全性多中心、随机、双盲、安慰剂对照的Ⅱ/Ⅲ期临床研究已完成全部1208例患者入组，在进度上处于国内3CL靶点药物第一位。

3. 细胞疗法

（1）干细胞治疗潜力不断被发掘

干细胞治疗是指将自体或异体来源的干细胞或其分泌产物注入人体，从而达到治疗疾病的目的的一种新兴的科学技术。根据国际细胞治疗学会（ISCT）2022年统计数据，全球已有24款干细胞治疗产品获批上市，适应证涵盖膝骨关节炎、急性心肌梗死、移植物抗宿主病（GVHD）、克罗恩病等。全球登记的干细胞临床研究项目约6300项，主要是成体干细胞临床试验，涉及血液病、肿瘤、神经系统疾病、心脏疾病、免疫系统疾病等领域，其中美国保持绝对领先优势，美国干细胞临床研究项目数量超过2800项，中国以超1000项位列第二。

2022年3月21日，中国科学院和深圳华大生命科学研究院等多家机构合作，在*Nature*杂志上发表了题为“Rolling Back Human Pluripotent Stem Cells to An Eight-cell Embryo-like Stage ”的研究论文。该研究开发了一种非转基因、快速且可控的“鸡尾酒”细胞重编程方法，通过这种方法，从体细胞诱导培养出相当于受精卵发育3天状态的人类全能干细胞，这是全球在体外培养的“最年轻”的人类细胞，是继成功诱导出人类多能干细胞后，再生医学领域的又一颠覆性突破。该成果将助力实现未来人体器官的体外再生，对解决器官短缺、异体和异种移植排斥反应等问题有着重大的意义。

（2）CAR-T疗法进入市场

CAR-T疗法是近年来极有前景的细胞免疫疗法之一，这项技术在治疗各种恶性肿瘤方面取得了巨大进展，已成功应用于多种血液恶性肿瘤的治疗。随着2021年阿基仑赛注射液、瑞基奥仑赛注射液先后在中国获批上市，2022年西达基奥仑赛注射液获美国FDA批准上市，CAR-T疗法已然进入井喷期。尤其是在多种血液肿瘤领域，如在白血病、淋巴瘤、多发性骨髓瘤等癌种中，其表现出不俗的疗效，让许多无药可治的血癌患者获得良好的疗效。对于占比90%以上的实体瘤领域，CAR-T疗法同样存在巨大的临床治疗需求。在实体肿瘤方面，如在消化系统肿瘤领域，CAR-T取得一定的疗效，包括食管癌、胃癌、肝癌、结直肠癌、胰腺癌、胆管癌等。而

CAR-T疗法用于治疗实体瘤的关键点就是实体瘤靶点的选择，临床在研的CAR-T项目涉及的靶点分布情况主要集中在GPC3、Claudin18.2、MSLN、HER2、EGFR等热门靶点上。

现阶段国内CAR-T疗法占全球研究的40%左右。国内CAR-T企业呈现快速发展趋势，2021年复星凯特（现复星凯瑞）、药明巨诺的首款和第二款CAR-T药物相继获国家药品监督管理局（简称“国家药监局”）批准上市。2022年有多款CAR-T产品向国家药监局药品审评中心提交上市申请，包括药明巨诺的瑞基奥仑赛注射液针对复发或难治性滤泡性淋巴瘤的新适应证上市许可申请（sNDA)，复星凯特（现复星凯瑞）对阿基仑赛注射液的sNDA，以及驯鹿生物的伊基奥仑赛注射液、科济药业的泽沃基奥仑赛注射液、合源生物的赫基仑赛注射液（即纳基奥仑赛注射液）和传奇生物的西达基奥仑赛注射液的上市申请。

4. 合成生物学

近年来，合成生物学对投资者的吸引力显著增强。2020年上半年，全球合成生物学领域的56家公司的融资总额达到30.41亿美元。2021年全球合成生物学市场规模约95亿美元，同时该年度全球合成生物学方向总共获得近180亿美元的投资，创历年最高。2022年市场对合成基因和合成细胞的需求继续增长，企业开始加速扩大其战略布局，而资本市场目前对生物医药和食品领域更加青睐。拥有下一代多功能基因编辑工具的组合基因药物公司Metagenomi于2024年1月完成了1.75亿美元的B轮融资，融资所得将用于推动Metagenomi领先的体内和体外基因编辑治疗项目；蓝晶微生物（Bluepha）已完成B3轮融资，2021—2022年蓝晶微生物B轮融资总额已达15

亿元；引航生物则跨年度连续完成C轮、C+轮融资，融资总额超4亿元。

2021年10月，来自哈佛大学、MIT等机构的科学家们在 *Nature Reviews Drug Discovery* 杂志上发表文章表示，合成生物学领域的稳步发展使科学家能够利用基因工程细胞代替小分子或生物制剂，作为开发新疗法的基础。使用合成生物学设计基于细胞的疗法是一种快速发展的医学战略，它为开发针对各种人类疾病的有效疗法带来巨大希望。2022年1月20日，来自美国伊利诺伊大学厄巴纳-香槟分校的研究团队实现了有史以来最完整的活细胞计算机模拟，并将成果以论文的形式发表于 *Cell* 杂志上。通过这一模拟，生物学家们得以突破限制，从而加速探索生命基本单位的运行规律。

三、全球主要国家和地区生物医药产业发展情况

全球生物医药产业呈现聚集发展态势，集中分布在美国、欧洲、日本、印度、新加坡、中国等国家和地区。全球生物医药市场规模逐年走高，东南亚等地区成为主要驱动力量。近年来，全球生物医药市场的快速发展主要得益于两个方面：一是一些主要药品的专利陆续到期，使更多的仿制药能够进入市场；二是新兴国家的经济快速增长拉动了本国的药品需求。成熟市场将通过使用仿制药抵销使用创新药增加的成本，并且更加关注定价和可及性措施，而新兴市场则力求实现在其经济前景走强时所允诺的可及性扩张预期。

1. 美国

美国是全球生物制药行业的领跑者，拥有多家世界上最成功的生物制药公司和最先进的生物制药技术，同时美国又是医疗卫生支出占GDP（国内生产总值）比重最大的国家。据美国CMS（医疗保险和医疗补助服务中心）报告，2022年美国医疗卫生支出约为4.5万亿美元，占全美GDP的17.3%，如此巨大的经济负担成为美国发展生物类似药的重要动力。

2021年是美国生物类似药发展历程中具有里程碑意义的一年。在FDA已

批准的33款生物类似药中，多款生物类似药成功进入市场销售阶段，且市场占有率相较之前有很大的提升。美国2021年生物类似药市场规模达68亿美元。随着甘精胰岛素、雷珠单抗等多个新领域产品和阿达木单抗首仿生物类似药的陆续上市，美国生物类似药市场规模将进一步扩大。

在药物研发方面，生物类似药研发涉及的大分子数量已有40多个，涵盖了以抗肿瘤和自体免疫为代表的多个治疗领域，预计未来两年可以进入市场的第三波生物类似药的申报热潮即将到来，针对2030年前后可以进入市场的第四波生物类似药的研发已经开启，成本、质量、产能等方面的较量的前提仍将是速度，大型公司的离场和更多中型公司的加入将使得生物类似药的竞争更加复杂。

在政策方面，无论是《促进生物仿制药教育法》《确保创新法》等法案，还是美国旨在降低药价的一系列医保计划措施，都表明了政府层面对于推动生物类似药快速发展的坚定决心，随着美国各州针对生物类似药可互换实施法律的进一步完善、美国联邦贸易委员会（FTC）打击不正当竞争力度的加大及美国医疗保险和医疗补助服务中心（CMS）更多覆盖生物类似药政策的倾斜，生物类似药发展的大环境将更加友好。2022年9月，美国参议院通过了《FDA现代化法案2.0》，取消了之前对动物临床试验的严格要求，该法案的修订将结束FDA要求实验性药物在人体临床试验之前必须先进行动物试验的规定，不再强制生物类似药进行动物试验。

2. 欧洲

2020年，欧洲经济总量为20.82万亿美元，约占全球GDP总量的24.6%，人均GDP排名全球第三。2021年8月，欧洲医疗技术市场规模约为1500亿欧元，市场规模前5的国家分别是德国、法国、英国、意大利和西班牙。欧洲医疗器械市场约占世界市场份额的27.3%，是仅次于美国（43.5%）的第二大医疗器械市场。

从企业规模和发展的角度看，欧洲的医疗健康行业可分为三大部分：医药巨头公司、中等规模企业和高成长性的生物技术企业。位列顶层的巨头公司有瑞士的诺华制药和罗氏制药、丹麦的诺和诺德、法国的赛诺菲制药、英国的阿斯利康和葛兰素史克、德国的拜耳医药等；而更多相对小型的欧洲区域性高成长性生物技术产业集群（如瑞士、法国、德国）所培育的生物技术企业仍在不断增加。

2022年5月，欧盟委员会健康与食品安全总局启动欧洲健康数据空间计划（EHDS）。EHDS将向欧盟居民提供更加创新、先进的医疗支持体系，打破医疗行业的数据壁垒，促进数据的有效利用。2022年1月11日，欧盟《卫生技术评估条例》[Regulation（EU）2021/2282]在经过多年的谈判后生效。欧盟在卫生技术评估方面的合作旨在帮助欧洲的患者采用创新的健康技术，更好地利用现有资源并提高商业可预测性。新法规引入的欧盟层面的联合临床评估的结果将作为成员国对药物价值评估和价格谈判的基础，这一举动将为制药企业及欧盟成员国带来效率的提高。

2021年欧盟批准了创纪录的52款含有新活性物质（NAS）的药物，其中包括用于新冠病毒防治的4种新疫苗和3款新药。与2020年（42个）相比，这一数量增加了近1/4，比2019年（28个）增加了近一半。在各大国际药物研发公司中，罗氏制药以5款新药获批上市（包括与其他药企联合开发，下同），成为新药获批上市数量最多的企业，阿斯利康有4款新药获批上市，强生、百时美施贵宝和再生元均有2款新药获批上市，拜耳、葛兰素史克等药企均有1款新药获批上市。

2021年，欧洲专利局（EPO）在医疗技术行业提交了超过15300件专利申请，比上一年增长0.8%。医疗技术行业申请数量占申请总数量的8.1%，在欧洲所有工业行业中排名第二。这些专利申请中有41%来自欧洲专利局成员国（包括欧盟27国、英国、挪威和瑞士），38%来自美国，其余21%来自其他国家。相比之下，制药行业提交了约9000件专利申请，生物技术行业提交了约7600件专利申请。虽然在过去20年中，医疗技术行业的EPO申请数量几乎增长了2倍，但制药和生物技术专利申请仍然停滞不前。此外，2021年专利授权与专利申请的比例为55%，而制药和生物技术行业的这一比例均为33%。

3. 日本

日本是全球主要的药品市场之一。日本政府提出“生物技术产业立国”口号，把生物产业作为国家核心产业加以发展，出台了多项重要政策，旨在加速生物技术的利用和生物产业的发展。日本作为亚洲领先的生物医药强国，其生物医药发展势头非常可观。21世纪初，日本医药产业处于创新升级的瓶颈期，日本政府为创新医药的发展提供了良好的外部环境，建立了东京、北海道和关西等地的生物医药产业集群，发挥了强有力的助推作用。

日本药企三大巨头分别为武田（Takeda）、安斯泰来（Astellas）、第一三共制药（Daiichi Sankyo）。三方专长治疗领域如下：武田——胃肠道疾病、肿瘤、中枢神经系统疾病、疫苗；安斯泰来——泌尿系统疾病、肿瘤、免疫系统疾病、肾脏疾病、肌肉疾病、神经科学及眼科疾病；第一三共制药——肿瘤学、疼痛、中枢神经系统疾病、心脏-肾脏疾病、罕见病。

2022年3月，日本政府成立了生物医药先进疫苗研发战略中心，承诺将投资20亿美元开展疫苗研究，以确保日本能更好地应对未来可能到来的疫情。该中心首先投资8种病原体（包括冠状病毒、猴痘、登革热和寨卡病毒）的疫苗研究，使用一系列疫苗递送技术，如信使核糖核酸（mRNA）、病毒载体和重组蛋白技术等。其目标是在发现具有大流行潜力的病原体后100天内，大规模开发出诊断、治疗方法和疫苗。该中心首批批准了2个项目：一个项目旨在开发通用冠状病毒疫苗，以及应对与严重急性呼吸综合征（SARS）相关冠状病毒的疫苗；另一个项目将创建一个快速通道系统，用于评估候选疫苗。

2021年日本医药品和医疗器械管理局（PMDA）总共批准新药89个。新作用机制的药物包括FGFR抑制剂胆管癌靶向药物佩米替尼、治疗2型糖尿病的线粒体功能改善药物盐酸丙胺、治疗脊髓性肌萎缩症（SMA）的mRNA剪接修饰剂利司扑兰、治疗转移性非小细胞肺癌的RET抑制剂塞普替尼。在偏头痛治疗领域，以CGRP为靶点的3种抗体药物——加卡奈珠单抗、夫瑞奈组单抗、依瑞奈尤单抗相继登场。15个新药的销售额预计超过100亿日元。2021年日本药品价格目录收录的新药中，预测高峰期销售额超过100亿日元的品种有15个。辉瑞的转甲状腺素蛋白淀粉样变性心肌病治疗药物氯苯唑酸预计销售额为524亿日元，杨森制药公司的多发性骨髓瘤治疗药物联合泊马度胺和地塞米松预计销售额为370亿日元。

4. 印度

印度是世界上最大的仿制药生产国，其仿制药出口量约占全球仿制药出口总量的20%，同时印度还是全球制药业输出增长最快的地区之一。印度是重要的生物医药制造大国。

印度生物制药产业规模庞大。据统计，2021年印度国内医药市场规模达420亿美元，预计未来10年国内市场规模将增长3倍，到2030年可达1200亿～1300亿美元。从投资增长率看，相关数据显示，2020—2021年，印度制药行业的外国直接投资（FDI）增长200%。印度制药工业的产量位居世界第三，药品出口总额为244亿美元，进口总额为70亿美元，出口远大于进口。从产品领域看，制剂和生物制品占该国总出口的73.31%，其次是原料药和药物中间体。从区域市场看，2022年印度药品出口排名前5的国家为美国、英国、南非、俄罗斯和尼日利亚。

在产业领域上，印度90%的公司主要从事仿制药的生产。2021年全球仿制药巨头企业TOP10榜单中，印度药企占40%。其中，太阳制药作为印度药企龙头，在2021年的仿制药销售额为46.4亿美元；阿拉宾度制药、西普拉制药、雷迪博士实验室紧随其后，销售额分别为31.8亿美元、26.5亿美元、21.7亿美元。

在原料药领域，印度凭借国内积累的资本和经验技术，以仿制药产业拉动特色原料药生产，已成为全球第二大原料药出口国，优势主要集中在处于专利保护期或者那些专利保护期刚结束的药品的原料领域，如抗感染、心血管、呼吸系统和中枢神经类药品。

在印度约3000家制药企业中，大约有100家生物制药公司投身于生物仿制药的研发、生产和市场营销。印度生产的仿制疫苗、单克隆抗体、红细胞生成素等由于价格低廉、质量上乘，在国际市场上十分受欢迎。值得一提的是，印度创造性地把本国高度发达的信息技术运用于生物技术产业，在高校中设立了生物信息学专业，成为首个具有生物技术信息系统网络的国家。

在医疗器械领域，近几年印度在医疗器械设备、仪器、耗材和植入物等领域发展迅速，在2023年已成为亚洲第四大医疗器械市场，集聚Transasia、Trivitron、Polymed、HMD、SMT等众多医疗器械龙头企业。2022年，印度卫生部长表示，印度医疗设备行业有潜力以每年28%的速度增长，到2030年市场规模可达到500亿美元。

5. 新加坡

拥有亚洲发展最快的生物产业集群之一的新加坡，凭借其强大的数码科技实力和充满活力的研究生态体系，不断推动生物医药行业创新，素有“亚洲临床研究和试验管理活动中心”的美誉。

新加坡经济发展局发布的数据显示，2021年新加坡生物医药产业总值约为217亿新加坡元，同比增长11.1%。不仅增速快，生物医药产业的体量也足够大，2021年生物医药产业产值占新加坡国内生产总值的比重高达4%，是除电子业之外新加坡最“吸金”的产业。2021年新加坡生物医药制造业全年产值较2020年实现11.1%的增长。新加坡统计局年度报告数据显示，生物医药产业总产值占新加坡国内生产总值的4%、新加坡的年出口总值的20%。

新加坡生物医药行业巨大的发展潜力吸引众多跨国生物企业纷纷在此布局发展。新加坡已经形成医疗制药相关的三大园区，即以医院为中心的诺维娜健康城（Health City Novena）、以科研为中心的纬壹科技城（One-North）和以医药制造企业为中心的大士生物医药园，覆盖临床需求、研发转化、生产制造三个环节。企业可根据不同的需求和定位进驻园区，享受一流的基础设施、完善的产业链条和专业的服务支持，帮助生物医药企业降低研发成本、缩短研发时间。

60多个生物医药生产基地遍布新加坡，年产量超过290亿新加坡元，拥有24000多名员工及30多个研发中心，其研发支出超过6.9亿新加坡元，顶尖研发人员超过2000人。全球排名前10的制药公司中有8家在新加坡设有工厂，全球前十大药物（按收益排名）中有4种在新加坡生产。全球顶级生物制药企业葛兰素史克、默克、辉瑞、诺华、罗氏制药、赛诺菲、艾伯维、安进等都将全球制造中心设在新加坡。

6. 韩国

韩国医药产业发展呈现蓬勃生机，尤其是生物药研发领域，已在全球市场占据一席之地。早在2016年，韩国人均国内生产总值就超过29000美元。韩国在医疗、教育和研发方面的投入居世界各国前列，人均健康产业支出规模高于经济合作与发展组织（OECD）平均水平。从治疗领域来看，韩国市场销量最高的品种为心脑血管用药，其次为中枢神经系统用药，再次为消化系统用药、抗生素和生物制剂。超过3亿美元产值的产品还有其他代谢类药品、化疗用药、皮肤用药、血液和血液替代品及呼吸系统用药。

近几年，受全球新冠疫情影响，全球供应链出现危机，制造业受到较大的冲击，但制药业迎来发展的机会。近年来韩国制药产业发展迅猛，制药、生物产业正在慢慢成为引领韩国经济的主力产业。韩国产业通商资源部发布的数据显示，2021年韩国医药品出口额为84.9亿美元，同比增长20.5%，其增长势头领先于其他行业，不容小觑。

韩国制药、生物产业的快速增长还带来相关人力增加的良性循环。2021年制药采购产业数据显示，制药和生物企业数量、员工数量从2011年的823家、7.4万人大幅增加到2020年的1398家、11.4万人，对创造就业岗位起到很大的推动作用。同时，医药品生产总额从2016年的20.5万亿韩元增加到2020年的近28.3万亿韩元。韩国生物协会指出，随着国内生物技术水平的提高，正在开发的新药临床数据质量得到很大的提高，韩国生物企业在世界新药开发市场得到认可。

韩国曾是临床试验数量全球第七大国。韩国企业Celltrion和三星生物已经成为生物医药领域的佼佼者。Celltrion是全球首家开拓出抗体生物类似药的公司。2007年获美国FDA批准生产单克隆抗体阿巴西普，并由BMS在全球销售。自此，Celltrion已经完成了多项全球多中心临床试验。三星生物尽管起步较晚，但在免疫和肿瘤生物类似药产品线的研发、生产和全球注册方面已经卓有成效，该公司曾经开发的生物类似药依那西普获得韩国和欧盟批准，且是欧洲首个依那西普生物类似药，英夫利西单抗类似药也已获批。另外，三星生物与渤健、默克、百时美施贵宝等多家跨国企业都签订了合作协议，包括anti-TNF生物类似药、甘精胰岛素等的研发和商业化生产。

7. 马来西亚

马来西亚是亚洲的生物医药强国之一。美国相关报告显示，马来西亚在支持企业生物技术发展方面位列全球第四。同时，在瑞士洛桑国际管理发展学院（IMD）发布的世界竞争力年报中，马来西亚知识产权保护指数曾排在东盟国家第二名。马来西亚的药品制造商大多是本地厂商，并且都只生产仿制药，主要针对国内市场。这些公司的研究和开发能力仅限于制造仿制药，而不是制造原研药。来自印度、新加坡和中国香港的外商独资企业只有5家。

马来西亚医药行业发展潜力巨大。从需求方面来看，马来西亚虽然人口数量较少，但是作为“亚洲四小虎”之一，近些年其国民经济发展迅速，随着人均收入水平不断提高，国民对自身健康日益重视，进而促使对医药消费意愿日趋增长。新思界行业研究中心发布的《2021—2025年马来西亚医药市场投资环境及投资前景评估报告》显示，2016年马来西亚医药市场规模约为85.9亿林吉特（约19.4亿美元），随着其国内经济的增长和医疗保障体系的完善，2023年马来西亚医疗器械市场规模超40亿美元，预计2024—2028年的年复合增长率将超过16%。

医疗器械行业是马来西亚第11个大计划（2016—2020年）中“3+2”高增长子行业之一。马来西亚有200多家医疗器械制造商，生产各种用于医疗、牙外科、光学和一般健康用途的产品和设备。马来西亚是全球导管、外科和检查手套的主要生产和出口国，供应全球约80%的导管和约60%的橡胶手套（包括医用手套）。马来西亚医疗器械行业从20世纪80年代生产简单的医用手套起步，发展到现如今制造复杂医疗产品。国家重视发展完善的供应链网络，特别是互补产业（如半导体、电气和电子、金属冲压和塑料产业）的发展，使得医疗器械制造商在相关行业中的排名遥遥领先。

从竞争力方面来看，马来西亚医药企业以生产仿制药为主，原研药和专利药生产能力相对较弱，且其医药市场整体处于不饱和状态，每年医药进口总值占全国医药销售总值的55%以上，进口国家和地区包括美国、欧洲、日本、韩国、印度等。从出口方面来看，马来西亚紧临马六甲海峡，地理位置优越，国内港口众多，海上航运交通方便，可以辐射整个东南亚地区，而且马来西亚是东盟的创始国之一，其医药出口可以享受多个国家的关税减免优惠政策。

第二章　中国生物医药产业发展情况

一、中国生物医药产业规模

1. 整体情况

（1）市场规模

生物医药产业作为我国战略性新兴产业之一，既是生物技术最重要的应用方向，又是现代医药行业转型升级的关键所在。随着健康中国行动的实施，我国生物医药产业发展的重要性与迫切性越发凸显，正快速由最具发展潜力的高技术产业向高技术支柱产业发展。生物医药产业将保持中长期高景气发展趋势。长寿时代到来，推动生物医药产业发展、加快传统化学药及中药转型升级，成为实施健康中国行动绕不开的焦点。作为全球第二大医药市场，我国生物医药产业保持较快增长。《中国统计年鉴2023》显示，我国医药制造业规模以上企业实现营业收入26384.5亿元，利润总额4191.4亿元。

根据Frost & Sullivan的数据分析，2023年中国医药市场规模约17977亿元，2024年中国医药市场规模将达到19312亿元（见图2–1）。而2022年中国化学药市场规模为7585亿元，中医药市场规模为4509亿元，生物药市场规模为4493亿元（见图2–2）。

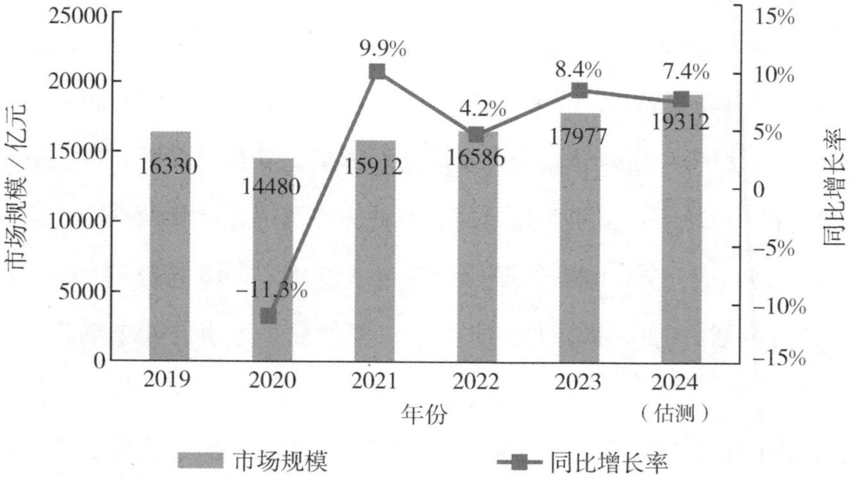

图2-1　2019—2024年中国医药市场规模

数据来源：Frost & Sullivan。

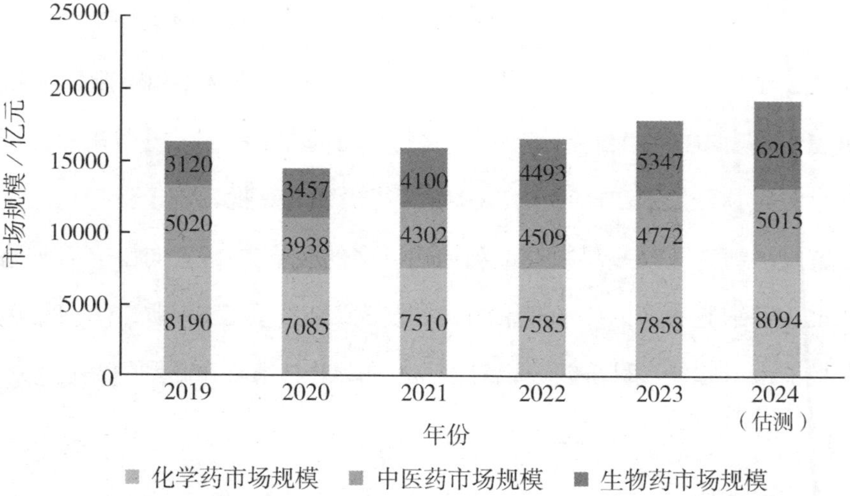

图2-2　2019—2024年中国医药市场规模结构

数据来源：Frost & Sullivan。

（2）创新药研发进展

2023年，我国药品注册申请受理量和审结量分别同比增长35.84%、28.80%，创近5年新高。全年批准上市创新药40个品种、罕见病用药45个品种、儿童用药产品92个品种，临床用药需求得到很好满足。以注册申请类别统计，2023年，国家药监局药品审评中心受理新药临床试验申请2997件，同比增加33.56%；验证性临床试验申请170件，同比增加32.81%；新药上市许可申请470件，同比增加40.72%。最终获批上市的40个创新药品种中，有15个产品的适应证聚集于抗肿瘤领域，其他产品的适应证还涉及成人慢性丙肝、胃酸过多、糖尿病、银屑病等。从药品类型来看，其中19个为化学药、16个为生物制品、5个为中药。

从治疗领域来看，这些新药覆盖了癌症、感染性疾病、自身免疫性疾病、神经系统疾病、罕见病等临床上未满足需求的疾病领域，为患者提供了更多的治疗选择。在2023年获批的创新产品中，细胞疗法备受关注（见表2-1）。上半年，驯鹿生物与信达生物联合开发的B细胞成熟抗原（BCMA）靶向CAR-T细胞产品获国家药监局批准治疗多发性骨髓瘤；下半年，合源生物开发的CD19靶向CAR-T疗法也顺利获批，用于治疗白血病。这是继复星凯特（现复星凯瑞）和药明巨诺的两款CD19靶向CAR-T细胞产品获批后，细胞和基因疗法迎来的又一波成果。中国已有4款CAR-T细胞产品获批上市。此外，科济药业靶向BCMA的CAR-T细胞产品和恒润达生靶向CD19的CAR-T细胞产品均已提交上市申请。

表2-1　2023年中国获批上市和申报上市的CAR-T细胞产品

产品名称	研发企业	靶点	适应证	研发阶段
阿基仑赛	复星凯特（现复星凯瑞）	CD19	原发性纵隔大B细胞淋巴瘤、大B细胞淋巴瘤、弥漫性大B细胞淋巴瘤	上市
瑞基奥仑赛	药明巨诺	CD19	大B细胞淋巴瘤、滤泡性淋巴瘤	上市
伊基奥仑赛	驯鹿生物/信达生物	BCMA	骨髓瘤	上市
纳基奥仑赛	合源生物	CD19	急性淋巴细胞白血病	上市
泽沃基奥仑赛	科济药业	BCMA	多发性骨髓瘤	申报上市
润达基奥仑赛	恒润达生	CD19	B细胞非霍奇金淋巴瘤	申报上市

资料来源：国家药品监督管理局。

2022年国内上市的创新药产品中不乏一些潜在First-in-class和Best-in-class产品（见表2-2）。

2022年3月24日，中国自主研发的创新型PD-1药物斯鲁利单抗（Serplulimab，HLX10，俗称H药）获批，用于治疗经标准治疗失败后、不可切除、转移性微卫星高度不稳定型实体瘤，为国内第七款获批上市的PD-1单抗，同时也是首款国产“泛癌种”PD-1，全面开启国内不限癌种治疗的新时代。

2022年4月13日，全球首款不区分肿瘤来源的广谱靶向药拉罗替尼终于获得国家药监局批准正式上市，用于治疗患有NTRK基因融合的局部晚期或转移性实体瘤的成人和儿童患者，填补了国内肿瘤精准治疗的空白。

劳拉替尼是第三代ALK / ROS1双靶点抑制剂，自问世以来就备受青睐，这款药物的强大之处在于可以克服所有已知的ALK抗性突变并可通过血脑屏障；可抑制克唑替尼耐药的9种突变，对二代TKI药物耐药后仍有较高的有效性；同时，劳拉替尼也具有较强的穿透血脑屏障的能力，入脑效果较强，特别适用于对其他ALK耐药的晚期非小细胞肺癌（NSCLC）患者。

表2-2　2022年国内获批创新生物药

药品通用名	靶点	适应证	持证商
罗特西普	ACVR2B	骨髓增生异常综合征、β-地中海贫血	新基医药
雷莫西尤单抗	VEGFR2	非小细胞肺癌、肝细胞癌、胃癌、结直肠癌	礼来
戈沙妥珠单抗	TROP2	三阴性乳腺癌、尿路上皮癌	云顶新耀
伊奈利珠单抗	CD19	视神经脊髓炎	地平线药业
罗普司亭	TPO-receptor	免疫性血小板减少症、再生障碍性贫血	协和麒麟
莫格利珠单抗	CCR4	皮肤T细胞淋巴瘤、蕈样肉芽肿、塞扎里综合征、成人T细胞白血病/淋巴瘤、外周T细胞淋巴瘤	协和麒麟
奥马珠单抗	IgE	慢性自发性荨麻疹、过敏性哮喘、慢性鼻窦炎伴鼻息肉	诺华制药
依马利尤单抗	IFN-γ	噬血细胞性淋巴组织细胞增多症	苏庇医药
那西妥单抗	GD2	神经母细胞瘤	伊美纳
斯鲁利单抗	PD-1	非小细胞肺癌、MSI-H或dMMR实体瘤	上海复宏汉霖生物制药
普特利单抗	PD-1	MSI-H或dMMR实体瘤、黑色素瘤	乐普生物
奥木替韦单抗	rabies virus（RV）	狂犬病	华北制药集团
卡度尼利单抗	CTLA-4、PD-1	宫颈癌	康方药业

续表

药品通用名	靶点	适应证	持证商
曲妥珠单抗、重组人透明质酸酶	HER2、HAase	HER2阳性乳腺癌	瑞士罗氏制药
瑞帕妥单抗	CD20	弥漫性大B细胞淋巴瘤	神州细胞工程

资料来源：国家药品监督管理局。

（3）医药材及药品进出口量

我国医药品进口量增长迅猛。2023年中国医药材及药品进口数量为385050吨，相比2022年同期增长93953吨，同比增长32.3%；进口金额约为5178461万美元，相比2022年同期增长904361万美元，同比增长21.2%；出口数量为1434659吨，同比增长8.0%；出口金额为2330434万美元，同比下降7.7%（见表2-3）。

表2-3　2021—2023年中国医药材及药品进出口情况

年份	指标	进口数量/吨	进口金额/万美元	出口数量/吨	出口金额/万美元
2021	总量	226074	4466326	1464108	4962471
	同比增长	3.1%	20.1%	11.4%	115.5%
2022	总量	291097	4274100	1328186	2523731
	同比增长	28.8%	−4.3%	−9.3%	−49.1%
2023	总量	385050	5178461	1434659	2330434
	同比增长	32.3%	21.2%	8.0%	−7.7%

数据来源：中国统计年鉴。

2. 制药产业发展情况

（1）生物医药上市企业

截至2023年12月，全国共有生物医药上市企业1442家，其中A股生物医药上市企业679家，三板生物医药上市企业496家，港股生物医药上市企业267家。2023年新增上市生物医药企业74家，市场分布为上交所科创板6家、深交所主板2家、深交所创业板14家、北交所9家、香港主板15家、新三板23家等。全国生物医药上市企业总市值达11.30万亿元，其中市值突破千亿元的生物医药上市企业有11家，分布在创新药、医疗器械、医疗服务等领域。

（2）中国医药工业百强榜

2023年11月，“2023中国医药工业发展大会之2023（第40届）全国医药工业信息年会暨2022年度中国医药工业百强论坛”发布2022年度中国医药工业百强榜。2022年度中国医药工业百强榜前10名依次为中国医药集团、上海复星医药、广州医药集团、华润医药、齐鲁制药、上海医药、石药控股、修正药业、中国远大集团、扬子江药业（见表2-4）。其中，中国医药集团三年蝉联第一。百强年营业额“百亿俱乐部”企业数量增至30家，相较2021年增加2家。

表2-4　2022年度中国医药工业百强榜前10名

排名	企业名称
1	中国医药集团有限公司
2	上海复星医药（集团）股份有限公司
3	广州医药集团有限公司
4	华润医药控股有限公司

续表

排名	企业名称
5	齐鲁制药集团有限公司
6	上海医药（集团）有限公司
7	石药控股集团有限公司
8	修正药业集团股份有限公司
9	中国远大集团有限责任公司
10	扬子江药业集团有限公司

2022年，医药行业在严峻的市场环境下体现出了极强的发展韧性，2022年百强企业主营业务收入突破万亿元，达到10332.1亿元。与此同时，百强门槛在经历了2020年的短暂下降之后连续两年提升，2022年百强入围的门槛同比提高8%，达到33.9亿元。

（3）全球制药企业TOP50榜单

2023年全球制药企业TOP50榜单中，中国药企再创佳绩。中国生物制药排第39位（2022年为第40位），连续5年上榜，并再次登上中国制药企业首位；其次为上海医药，排第41位（2022年为第41位）；恒瑞医药排第43位（2022年为第32位），石药集团排第48位（2022年为第43位）。4家中国药企中，各有3款2022年最畅销的处方药进入榜单。其中，中国生物制药销售额最高的是盐酸安罗替尼胶囊（商品名“福可维”），上海医药的处方药销售额最高的为丹参酮$Ⅱ_A$磺酸钠注射液（商品名“诺新康”），恒瑞医药销售额最高的是卡瑞利珠单抗（商品名“艾瑞卡”），石药集团的为丁苯酞软胶囊（商品名“恩必普”）。

3. 医疗器械行业发展情况

（1）医疗器械市场规模

与发达国家相比，我国医疗器械市场成长速度更快，发展潜力更强。得益于国内居民生活水平的提高和医疗保健意识的增强，以及医疗行业技术的不断突破与监管机构对行业的持续规范管理，我国的医疗器械行业正处于高速发展的阶段。国际管理咨询公司罗兰贝格发布的《中国医疗器械行业发展现状与趋势》显示，2022年中国医疗器械市场规模达9582亿元，近7年复合增速约为17.5%，已跃升为继美国之后的全球第二大市场。在产业规模稳定高增长的同时，医疗器械产业集中度也不断提升。2022年，中国医疗器械规模以上生产企业营业收入占全行业的比重已经超过60%。其中，上市医疗器械企业超过163家，对比3年前数量几乎翻倍。中国本土医疗器械企业逐步被全球市场接受与认可。2021年，中国出口海外的医疗器械总金额为847.3亿美元，同比下降36.44%，但与新冠疫情之前相比仍有大幅增长，主要原因是2020年海外国家产能不足导致采购需求达到顶峰，拉高了出口数据。

（2）上市医疗器械企业情况

过去30年我国医疗器械行业的发展十分迅猛。自2009年创业板推出，之后5年有17家器械公司上市；2018年港交所推出《主板上市规则》第18A章，2019年科创板推出，之后5年有69家医疗器械公司上市。2021年，全国共有36家医疗器械企业完成IPO（首次公开募股）上市。其中港股上市13家、科创板19家、创业板4家，包括心血管和骨科等高值医用耗材领域的微创心通、归创通桥、威高骨科、春立医疗、先瑞达、百心安、惠泰医疗等，体外诊断领域的浩欧博、博拓生物、诺禾致源、贝康医疗等，以及医学影像设备和AI医学影像领域的康众医疗、鹰瞳科技等。新冠疫情防控和带量采购政策的强力推进，促使医疗器械企业的兼并重组进程进一步加快。新冠疫情造成业绩两极分化，加速了企业的并购活动。同时，带量采购政策的强力推进，不断压缩医疗产品中间环节成本，诱导企业开展自主创新，单一产品线难以支撑企业规模和发展壮大，大量技术创新型初创企业成为成熟企业的并购目标。

截至2022年12月31日，我国医疗器械上市企业数量已达163家。2022年新增医疗器械上市企业22家，其中科创板8家、主板6家、创业板5家，北交所3家、港股6家。从各大板块来看，科创板成为国内医疗器械企业IPO市场的主力。2022年医疗器械市场复杂多变：一是市场经历一波下行期后，随着一系列利好信息的释放，市场信心正被重塑；二是自科创板提高医药企业的上市要求后，IPO的门槛变得越来越高；三是研发型生物医药企业急缺现金流。医疗器械未来发展方向存在巨大的不确定性。2022年新增的22家医疗器械上市企业中，有20家实现盈利。

（3）国内医疗器械企业分布

据医械数据云（MDCloud）统计，截至2023年12月31日，全国医疗器械生产企业数量达36675家，较2022年的33788家增长8.54%。其中，可生产Ⅰ类产品的企业25817家，较2022年增长9.68%；可生产Ⅱ类产品的企业17187家，可生产Ⅲ类产品的企业2670家，分别增长8.50%、15.48%。

从省（区、市）分布来看，2023年全国医疗器械生产企业数量排名第一的是广东省，共6460家，全国占比17.61%。其次是江苏省和山东省，分别有4596家、4107家（见表2-5）。2023年各省（区、市）医疗器械生产企业数量持续稳步增长，其中增速最快的是青海省和西藏自治区，增速皆为33.33%。

表2-5　2023年全国医疗器械生产企业的分布情况

排名	省（区、市）	企业数量/家	全国占比	增速
1	广东省	6460	17.61%	8.28%
2	江苏省	4596	12.53%	11.82%
3	山东省	4107	11.20%	6.12%
4	浙江省	2839	7.74%	8.03%
5	河北省	2011	5.48%	1.41%
6	河南省	1800	4.91%	13.36%
7	湖北省	1695	4.62%	14.30%
8	湖南省	1251	3.41%	3.05%
9	上海市	1350	3.68%	14.99%
10	北京市	1185	3.23%	7.33%

（4）医疗器械行业融资及并购情况

2022年医疗器械领域共发生638次融资事件，较2021年同期下降19.95%。从融资次数时间分布情况来看，2022年医疗器械领域融资事件主要集中在第一季度，共215次。其中，1月融资次数（99次）达当年单月融资次数顶峰。2022年医疗器械领域融资规模为268.9亿元，超亿元融资事件共166件，暂无10亿级融资事件，大额融资事件数量较2021年有所下降。

2022年医疗器械领域投融资主要集中在研发生产企业，共获投融资569次，较2021年下降33.29%。此外，2022年上游供应链企业、应用服务企业、经营服务企业等类型企业投融资次数均较2021年有不同程度下降，而CRO（合同研发组织）、CMO（合同生产组织）等专业服务机构投融资事件则较2021年有小幅上升。从研发生产企业投融资细分领域来看，2022年融资次数排名前3的细分领域分别为体外诊断、治疗器械、高值医用耗材，融资次数分别为174次、126次、92次，均较2021年有所减少（见图2-3）。

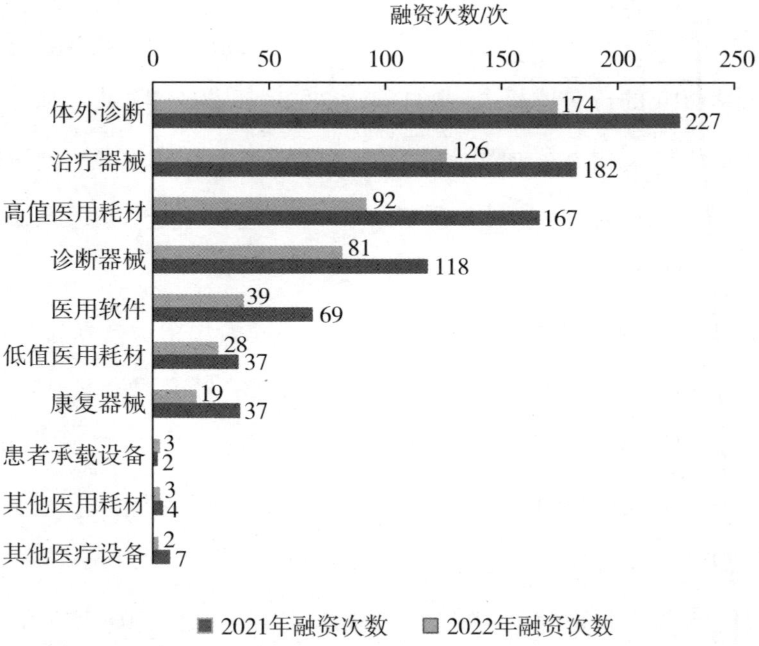

图2-3　2021—2022年国内医疗器械领域融资情况

国内医疗器械行业并购也在国产化替代的大背景下不断升温。横向扩张方面，乐普医疗通过收购博思美进入口腔正畸领域；三友医疗通过收购水木天蓬将经营边界扩张至超声外科手术领域。纵向扩张方面，迈瑞医疗通过收购芬兰海肽生物及其下属子公司补齐在体外诊断原料上的短板。强化产品线竞争力方面，鱼跃医疗收购凯立特，增强糖尿病及即时检验（POCT）业务；启明医疗收购诺诚医疗，提升产品管线的创新性。

4. 医疗服务业发展情况

2022年7月，国家卫生健康委员会（简称“国家卫生健康委”）发布《2021年我国卫生健康事业发展统计公报》，公报显示，全国居民人均预期寿命由2020年的77.93岁提高到2021年的78.2岁，孕产妇死亡率从16.9/10万下降到16.1/10万，婴儿死亡率从5.4‰下降到5.0‰。在我国卫生健康事业各项指标持续优化的同时，整体呈现“两增一稳，多路并进”的发展态势。

（1）卫生资源

全国卫生资源不断增加。2021年全国卫生总费用初步推算为75593.6亿元，其中，政府卫生支出20718.5亿元，占27.4%；社会卫生支出33920.3亿元，占44.9%；个人卫生支出20954.8亿元，占27.7%。人均卫生总费用5348.1元，卫生总费用占GDP的比例为6.5%。2021年末，全国卫生人员总数1398.3万人，比2020年增加50.8万人（增长3.8%）。

2021年末，全国医疗卫生机构总数1030935个，比2020年增加8013个。其中，医院36570个，基层医疗卫生机构977790个，专业公共卫生机构13276个。与2020年相比，医院增加1176个，基层医疗卫生机构增加7754个。全国共设置10个类别的国家医学中心和儿童类别的国家区域医疗中心。

2021年末，全国医疗卫生机构床位944.8万张，其中医院741.3万张（占78.5%），基层医疗卫生机构171.2万张（占18.1%），专业公共卫生机构30.2万张（占3.2%）。医院中，公立医院床位占70.2%，民营医院床位占29.8%。每千人口医疗卫生机构床位数由2020年的6.46张增加到2021年的6.7张。

（2）医疗服务

在医疗卫生资源总量继续增加的同时，我国医疗服务量也显著增加。2021年，全国医疗卫生机构总诊疗84.7亿人次，比上年增加7.3亿人次（增长9.4%）。2021年，居民平均到医疗卫生机构就诊6次。全国医疗卫生机构入院人次24726万，比上年增加1713万人次（增长7.4%），居民年住院率为17.5%。医院医师日均担负诊疗6.5人次、住院2.2床日，其中公立医院医师日均担负诊疗7人次、住院2.2床日。全国医院病床使用率为74.6%，其中公立医院80.3%。与2020年比较，医院病床使用率增加2.3个百分点（其中公立医院增加2.9个百分点）。

二、中国生物医药产业创新进展

1. 研发投入

2023年我国全年研究与试验发展（R&D）经费支出33278亿元，比上年增长8.1%（见图2-4），占国内生产总值的比重为2.64%，其中基础研究经费2212亿元，比上年增长9.3%，占R&D经费支出的比重为6.65%。

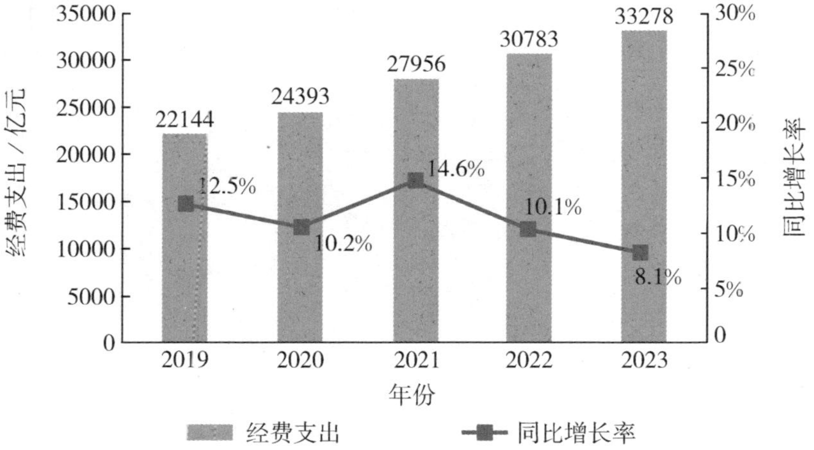

图2-4　2019—2023年中国R&D经费支出情况

上市公司作为我国经济发展的主力军，2022年，迈普医学、正海生物等A股上市企业的研发投入均在3000万元以上；冠昊生物和佰仁医疗的研发投入超过5000万元，研发投入占公司营业收入的15%以上；瑞济生物和吉林中科企业规模体量较小，为新三板挂牌企业，研发投入在200万～500万元，研发投入占比超过10%。

2. 新药研发

（1）医药专利情况

2022年中国医药专利公开数量为53308件（见图2–5），相较2021年的52432件增长1.67%。与2017—2020年相比有明显增长，与之前顶峰时期2016年（51666件）基本持平。中药专利公开数量自2017年开始大幅下降，2022年继续延续这一趋势，这与非中药专利公开数量持续增长的态势形成鲜明对比。

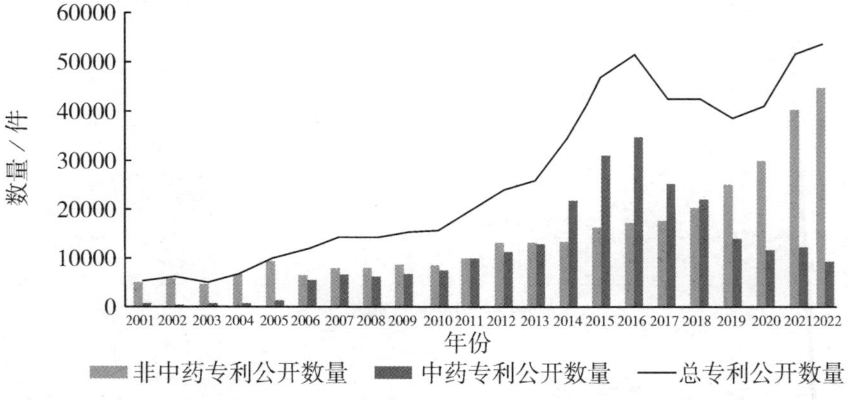

图2–5　2001—2022年全国医药专利情况

从申请机构排名看，2022年中国医药专利（公开）申请机构排名中，中国药科大学仍居榜首（525件），浙江大学（338件）、中山大学（308件）分别居第2位和第3位（见表2-6）。在排名前20的申请机构中，16个为高校或科研院所，4个为医药企业，分别是罗氏、恒瑞、广东东阳光药业和鲁南制药。企业排名前20中，11个为中国企业，9个为外国企业，罗氏稳居第一（288件），恒瑞紧随其后（259件）。值得关注的是，四川大学华西医院（245件）、军事医学研究院（270件）和复旦大学（260件）的医药专利公开数量相较2021年有大幅度增长。

表2-6　2022年中国医药专利（公开）申请机构排名前20

排名	申请机构	公开数量/件
1	中国药科大学	525
2	浙江大学	338
3	中山大学	308
4	罗氏	288
5	军事医学研究院	270
6	江南大学	270
7	四川大学	268
8	复旦大学	260
9	山东大学	259
10	恒瑞	259
11	沈阳药科大学	254
12	四川大学华西医院	245
13	中国科学院上海药物研究所	239
14	苏州大学	217
15	暨南大学	212
16	中国医学科学院药物研究所	189
17	华南理工大学	180

续表

排名	申请机构	公开数量/件
18	郑州大学	171
19	广东东阳光药业	170
20	鲁南制药	167

针对专利分类号（IPC分类），从药物类型来看，2022年药品类型排名前三的是A61K31（含有机有效成分的医药配制品，医药专利主要分类号；46.7%）、A61K9（以特殊物理形状为特征的医药配制品；23.7%）、A61K47（以所用的非有效成分为特征的医用配制品，如载体或惰性添加剂；化学键合到有效成分的靶向剂或改性剂；21.7%）；药品适应证排名前三的是A61P35（抗肿瘤药；46.7%）、A61P31（抗感染药；19.3%）、A61P1（治疗消化道或消化系统疾病的药物；12.3%），均与2021年相同。A61K36（含有来自藻类、苔藓、真菌或植物或其派生物，中药专利主要分类号；19.8%）占比相较2021年减少5.9%。涉及生物药的C12N15（突变或遗传工程；遗传工程涉及的DNA或RNA，载体；14.9%）、A61K39（含有抗原或抗体的医药配制品；13.0%）、A61K38（含肽的医药配制品；13.4%）、C12N5（未分化的人类、动物或植物细胞，如细胞系、组织；7.7%）、C07K16（免疫球蛋白，例如单克隆或多克隆抗体；7.1%）占比则均有不同程度的增加，延续了2021年生物药研究热度提升、中药研究热度下降的态势。

（2）药品申请受理与审评

2023年CDE受理注册申请受理号16812个（11455个品种），同比增长37.32%。其中，中药申请受理号2761个（2569个品种），同比增长77.90%；化学药申请受理号11825个（7645个品种），同比增长34.33%，约占全年受理量的70.34%；生物制品申请受理号2214个（1320个品种），同比增长17.58%。2019—2023年CDE受理注册申请情况如图2-6所示。

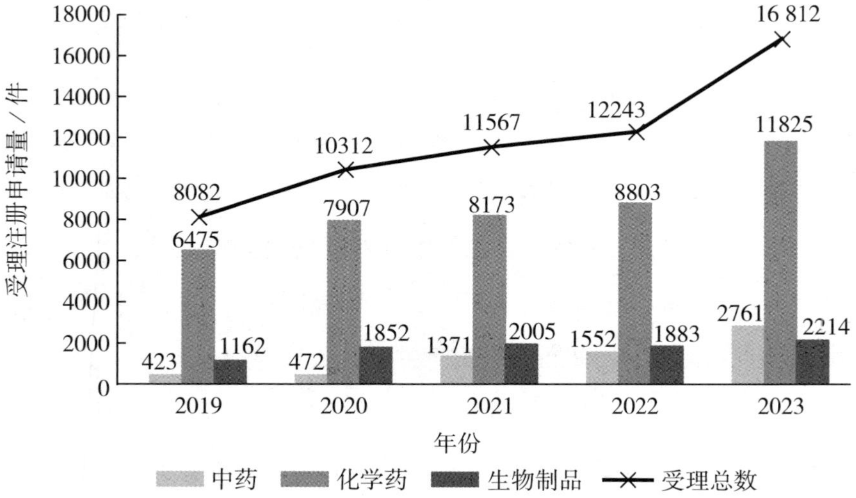

图2-6　2019—2023年CDE受理注册申请情况

2023年CDE受理申请以注册申请审评任务类型统计，受理新药临床试验申请（IND）1629个品种（受理号2942个），同比增加29.08%；新药上市许可申请（NDA）299个品种（受理号465个），同比增长39.07%；同名同方药、仿制药、生物类似药上市许可申请（ANDA）2998个品种（受理号3863个），同比增长72.20%；仿制药质量和疗效一致性评价注册申请（该注册申请类别简称“一致性评价申请”）681个品种（受理号1006个）。整体来说，每年NDA申报量占IND申报量的百分比大概为20%。

2023年Ⅰ类创新药完成审评1202个品种（受理号2132个），同比增长21.29%。以注册申请审评任务类型统计，IND申请1149个品种（受理号2053个），同比增长19.07%；NDA申请53个品种（受理号79个），同比增长89.29%（见表2-7）。2023年Ⅰ类创新药获批上市共38个品种（54个受理号），适应证包含抗肿瘤、消化道及代谢、心血管系统等领域。

表2-7　2023年创新中药、化学药、生物制品注册申请完成审评情况

单位：个

类别	创新中药		创新化学药		创新生物制品		总计	
	受理号	品种	受理号	品种	受理号	品种	受理号	品种
IND	56	54	1218	530	779	565	2053	1149
NDA	9	9	48	25	22	19	79	53
Ⅰ类创新药	65	63	1266	555	801	584	2132	1202

（3）细胞疗法的进展

我国基因治疗新药公司主要专注于CAR-T、TCR-T等免疫细胞产品，以及基因修饰溶瘤病毒产品的研发，治疗领域为血液瘤、淋巴系统肿瘤、实体瘤等（见表2-8）。

表2-8　2022年中国基因治疗行业业务竞争格局

公司	核心技术类型	主要治疗领域
博雅辑因	造血干细胞平台、通用型 CAR-T平台、RNA剪辑编辑平台	贫血、血液及淋巴系统肿瘤、实体瘤
亦诺微医药	基因修饰的溶瘤病毒研发平台	血液瘤及实体瘤
上海复诺健	Synerlytic™ 溶瘤病毒平台	实体瘤
复星凯特（现复星凯瑞）	CAR-T、TCR-T	血液及淋巴系统肿瘤、实体瘤
纽福斯	rAAV基因治疗技术平台	神经损伤及血管性视网膜病变等多种眼科疾病
滨会生物	基因修饰的溶瘤病毒研发平台	实体瘤
传奇生物	CAR-T、TCR-T、同种异体细胞疗法	血液及淋巴系统肿瘤、实体瘤、HIV
药明巨诺	CAR-T、TCR-T	血液及淋巴系统肿瘤、实体瘤

资料来源：前瞻产业研究院。

2021年6月，复星医药旗下合资公司复星凯特（现复星凯瑞）的CAR-T细胞治疗产品阿基仑赛注射液（商品名“奕凯达”）获得国家药监局批准，用于成人复发或难治性大B细胞淋巴瘤（r/r LBCL）的治疗，这也是国内首款获批的CAR-T细胞治疗药物，实现CAR-T疗法在国内零的突破，开启中国细胞疗法元年。

2021年9月，上海药明巨诺生物科技有限公司在美国Juno公司JCAR017的基础上开发的靶向CD19的CAR-T药物瑞基奥仑赛注射液（商品名“倍诺达”）获批上市。

2022年2月，传奇生物的CAR-T产品西达基奥仑赛获FDA批准上市。这是首款获美国FDA批准的，由中国药企设计和研发的CAR-T疗法，也是第二款由中国企业原创发明，获FDA批准的抗癌新药，距离上一款（百济神州的泽布替尼）已经过去两年多。这是第二款获批上市的靶向BCMA的CAR-T疗法，也是中国第一款上市的靶向BCMA的CAR-T疗法。

（4）国产新冠病毒特效药问世

2021年12月，国家药品监督管理局应急批准腾盛博药控股子公司腾盛华创医药技术（北京）有限公司新冠病毒中和抗体联合治疗药物安巴韦单抗注射液（BRII-196）及罗米司韦单抗注射液（BRII-198）注册申请。这是我国首个获批的自主知识产权新冠病毒中和抗体联合治疗药物。国家药监局根据《中华人民共和国药品管理法》相关规定，按照药品特别审批程序，进行应急审评审批，批准上述两个药品联合用于治疗新冠病毒感染患者。

2022年，空军军医大学与江苏太平洋美诺克公司联合自主研发的抗新冠病毒入侵受体阻断药物注射用美珀珠单抗成功注册上市。研究团队首次发现了新冠病毒入侵人体的新受体CD147分子是新冠病毒原始流行株和α、β、γ、δ、o变异株的通用受体，CD147-S蛋白是新冠病毒入侵新途径。国际和国内多中心临床试验结果显示，注射用美珀珠单抗可以降低患者死亡率、提高重症新冠病毒感染患者的出院率，也可以提高轻型/普通型新冠病毒感染患者的出院率和病毒转阴率。该单抗具有抗病毒、抗炎双疗效，安全性好，用量少，成本低，是现阶段抗新冠病毒入侵唯一的受体阻断药物。

2023年2月，先声药业旗下抗新冠病毒口服药先诺欣上市。先诺欣是首款国产3CL抗新冠病毒口服药，于2023年1月获国家药品监督管理局特别审批，在中国国内附条件上市。2023年2月11日，该药物正式上市投产，陆续供应给各医疗机构。

3. 医疗器械

医疗新基建拉动医疗设备市场长期扩容。2021年以来，医疗投入大幅增加，以大型公立医院扩容为主导的医疗新基建已经开始，医疗新基建项目从包括北京、上海、广州、深圳在内的大城市逐渐拓展到其他城市。2021年12月，财政部发布多则关于提前下达2022年补助资金预算的通知，新一年的医疗市场建设与扩容已提上日程，医疗新基建正如火如荼展开。

（1）医疗器械获批新产品

2023年，国家药监局共批准注册医疗器械产品2728个，包括境内第三类医疗器械产品2079个、进口第三类医疗器械产品335个、进口第二类医疗器械产品292个、港澳台医疗器械产品22个。其中，批准创新医疗器械61个，同比增长10.9%，再创新高。2022年医疗器械首次注册产品数量大类排名如图2-7所示。

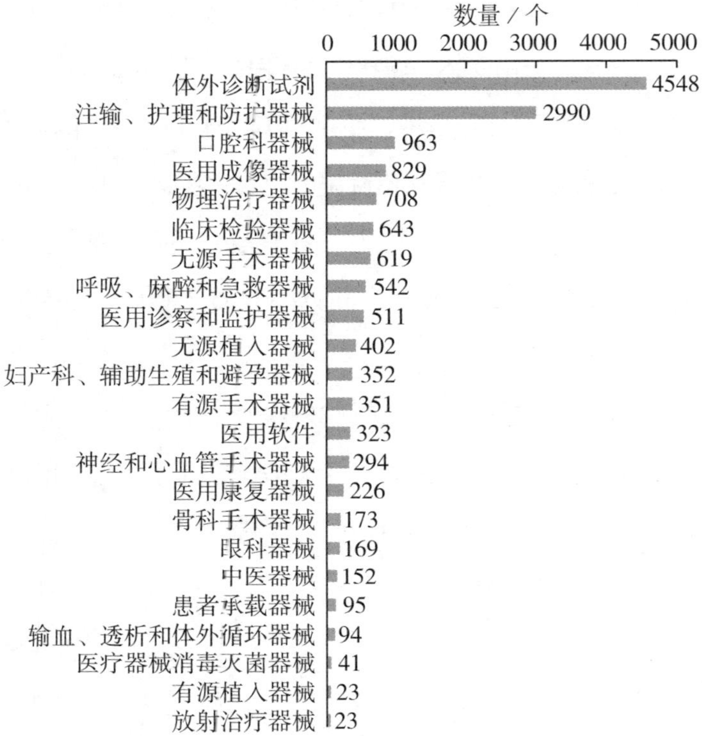

图2-7　2022年医疗器械首次注册产品数量大类排名

2022年，高端医疗装备国产化有新突破，国家药监局共批准55个创新医疗器械产品上市，比2021年增加57.1%。从2014年至2022年，国家药监局共批准189个创新医疗器械。其中，境内创新医疗器械涉及15个省的134家企业，进口创新医疗器械涉及2个国家的8个企业。北京、上海、广东、江苏、浙江创新医疗器械获批产品数量最多，约占全部已批准的189个创新医疗器械的82.5%，产品所属企业数量也是最多的。截至2022年底，国家药监局共批准新冠病毒检测试剂136个，其中包括45个核酸检测试剂、41个抗体检测试剂、50个抗原检测试剂，为疫情防控工作提供了有力保障。

（2）医疗器械新技术突破

医疗设备迎来国产替代大浪潮。近年来国产医疗设备技术持续突破，与进口产品差距缩小。在医保收支压力加大、国际关系复杂多变、疫情下供应链短缺等因素推动下，政策对国产医疗设备的支持力度加大。医疗设备国产替代提速。

磁共振成像（MR）电子学门槛高，技术体系精密复杂，设备场强越高，研发难度越大。MR的主要核心零部件包括超导磁体、射频线圈/梯度线圈、射频功率放大器/梯度功率放大器、谱仪等，已有部分国产整机厂商和第三方供应商实现1.5T超导磁体、线圈、功率放大器、谱仪的自研自产，和进口厂商的差距逐步缩小，其中联影医疗自研的核心零部件均已达到国际先进水平，部分甚至达到国际领先水平。超导磁体中，MR最核心的部件，技术门槛高，主要包括1.5T和3.0T超导磁体，联影医疗完全掌握1.5T、3.0T和5.0T技术。

高压发生器、平板探测器、X射线管为DR核心组件。DR是在X射线探测系统的基础上，利用计算机数字化处理，使模拟视频信号经过采样和数模转换后直接进入计算机形成数字化矩阵图像的过程，因此，X射线发射、探测和信号转换为关键环节。X射线管：Varex（万睿视）、Dunlee（当立）等进口厂商仍占据中高端DR（X射线管）市场，部分国产X射线管已在中低端DR中广泛使用，产品性能满足临床使用需求。X线平板探测器：Varex和Trixell（泰雷兹）仍为全球份额最高的两家厂商，以奕瑞科技、康众医疗为代表的国产厂商在X线平板探测器领域可媲美进口厂商。高压发生器：中低端产品已实现国产化，高端组件正逐步被国产厂商突破。

超声诊断仪通常由设备主机、超声探头、显示器及其他外设装置组成，其中超声探头为核心组件。头部超声厂商通过采购上游的电子元器件、陶瓷材料、结构件等自主加工、生产超声探头，其中电子元器件是主要的采购物料，主要包括集成电路、电子组件、PCB、连接器、电阻等。根据开立医疗和祥生医疗招股书，超声产品近60%的原材料采购成本来自电子元器件。超声产品使用便捷、应用广泛，下游终端客户范围较广，从二/三级公立医院、基层医疗机构到民营医院、体检中心等均有采购需求。

手术机器人上游零部件门槛较高，中游制造商主要负责机器人组装、系统集成和软件开发。手术机器人的产业链主要分为上游的原材料及核心零部件生产，中游的机器人组装、系统集成和软件开发，下游的医疗机构等终端用户三部分。对于手术机器人提供商来说，上游的核心零部件大多通过对外采购获得，部分头部厂商具备独立制造机械臂的能力，多数企业直接向供应商采购机械臂。下游终端用户主要为各类医疗机构。

体外膜肺氧合器（ECMO）已实现国产化。2021年11月，西安交通大学第一附属医院、四川大学国家生物医学材料工程技术研究中心、西安交通大学机械学院联合研发的国内首款体外膜肺氧合设备，在国内率先应用于临床，成功救治了两名危重心血管病患者。2022年1月，赛腾医疗ECMO在中国医学科学院阜外医院应用于临床，一位24岁年轻女性患者出现心源性休克症状，考虑启动体外生命支持辅助流程，最终患者心脏功能恢复，成功脱离ECMO辅助。2022年9月，国家药监局公开信息显示，微创医疗旗下深圳微创外科医疗（集团）有限公司的全资子公司东莞科威医疗器械有限公司申报的“集成膜式氧合器”（商品名：Vitasprings）成功获国家药监局批准上市。2023年1月4日，国家药监局应急批准了第一款国产ECMO产品，深圳汉诺医疗科技股份有限公司体外心肺支持辅助设备、一次性使用膜式氧合器套包注册申请，标志着ECMO实现国产化；1月17日，国家药监局经审查，采用附条件批准方式，应急批准了航天新长征医疗器械（北京）有限公司研发的体外肺支持辅助设备注册上市，该产品是第二款获批的国产ECMO产品；2月23日，国家药监局经审查，附条件应急批准了江苏赛腾医疗科技有限公司研发的体外心肺支持辅助设备注册上市，该产品是第三款获批的国产ECMO产品。

4. 生物技术

（1）多款重组蛋白新冠病毒疫苗获批紧急使用

作为国家重点布局的研发路线之一，多款重组蛋白新冠病毒疫苗于2021年和2022年获批紧急使用。其中，安徽智飞龙科马生物制药有限公司与中国科学院微生物研究所联合研发的重组新型冠状病毒蛋白疫苗（CHO细胞）是国内第四款获批紧急使用的新冠病毒疫苗，也是国际上第一个获批临床使用的新冠病毒重组亚单位蛋白疫苗。此后，珠海丽珠与中国科学院生物物理研究所合作研发的重组新型冠状病毒融合蛋白疫苗（CHO细胞）、威斯克生物与四川大学华西医院联合研发的重组新型冠状病毒蛋白疫苗（Sf9细胞）、神州细胞的重组新型冠状病毒二价（α/β变异株）S三聚体蛋白疫苗（CHO细胞）和浙江三叶草生物的重组新型冠状病毒蛋白亚单位疫苗（CHO细胞）均被批准紧急使用，为我国新冠病毒疫苗接种提供了更多选择。

（2）国产新冠病毒灭活疫苗被列入世界卫生组织紧急使用清单

2021年5月7日，世界卫生组织举办发布会，总干事谭德塞宣布将中国国药中生北京公司研发的新冠病毒灭活疫苗列入其紧急使用清单（EUL）。

2021年6月1日，世界卫生组织举办发布会，谭德塞宣布将中国科兴中维公司研发的新冠病毒灭活疫苗列入其紧急使用清单。

被列入世界卫生组织紧急使用清单意味着向各国监管机构发出产品安全有效的信号，为各国加快进口和管理疫苗的监管审批程序打开了大门。截至2021年底，中国已向120多个国家和国际组织提供了超20亿剂新冠病毒疫苗，成为对外提供新冠病毒疫苗最多的国家，为全球抗击新冠疫情做出了突出贡献。

中国生物研究院科研团队在第一代重组蛋白新冠病毒疫苗的基础上，全新设计开发的第二代重组蛋白新冠病毒疫苗对多种变异株具有广谱保护潜力，已率先在海外获批紧急使用，标志着中国的新冠病毒疫苗研发又向前迈进一步。

（3）我国自主研发的全球首个肿瘤免疫治疗双抗药物获批上市

康方生物自主研发的1类新药卡度尼利单抗是全球首个上市的PD-1/CTLA-4双特异性抗体肿瘤免疫治疗药物，用于既往接受含铂化疗失败的复发或转移性宫颈癌患者的治疗。相较于已获批的或国际权威指南推荐的各类疗法，卡度尼利单抗均展示出更优秀的抗肿瘤效果，安全性与国外已上市PD-1单抗披露的安全性数据相当，被中国临床肿瘤学会收录指南并推荐。

（4）重组人源抗狂犬病毒单抗药物上市

华北制药集团新药研究开发有限责任公司自主研发的重组人源抗狂犬病毒单抗注射液——奥木替韦单抗注射液通过国家药监局优先审评审批程序批准上市，用于成人狂犬病毒暴露者的被动免疫。奥木替韦单抗注射液含高效价的抗狂犬病毒单克隆抗体NM57，能特异性地中和狂犬病毒糖蛋白保守抗原位点I中的线性中和抗原表位，从而阻止狂犬病毒侵染组织细胞，发挥预防狂犬病的作用，为狂犬病毒暴露者的被动免疫提供了新选择。

（5）我国首个地舒单抗生物类似药获批上市

博安生物自主研制的地舒单抗注射液正式获得国家药监局的上市批准，用于治疗骨折高风险的绝经后妇女的骨质疏松症，在绝经后妇女中可显著降低椎体、非椎体和髋部骨折的风险。该药物是全球首个获批上市的普罗力生物类似药，活性成分为RANK配体的免疫球蛋白G2全人源单克隆抗体。

（6）靶向BCMA的CAR-T疗法国际化取得新突破

传奇生物靶向BCMA的CAR-T疗法西达基奥仑赛的生物制品许可申请获FDA上市批准，同时也获得欧盟附条件上市许可，用于治疗复发或难治性多发性骨髓瘤。该药物是一款具有两种靶向B细胞成熟抗原单域抗体的嵌合抗原受体T细胞免疫疗法，是首款获得FDA批准的由中国企业研发的CAR-T细胞治疗技术。

（7）我国科学家将人类多能性干细胞转化为8细胞阶段全能性胚胎样细胞

中国科学院和深圳华大生命科学研究院的研究人员宣布在世界上首次发现了一种无转基因、快速和可控的方法，可以将人类多能性干细胞转化为真正的8细胞阶段全能性胚胎样细胞。这些8细胞阶段全能性胚胎样细胞仅在3次分裂后就能重现受精卵的胚胎状态，有助于扩大对人类早期胚胎发育的了解。与报道的多能性干细胞相比，这些细胞不仅可以分化成胎盘组织，而且有可能发育成更成熟的器官，从而为器官再生和合成生物学的进步打下基础。

（8）非人灵长类动物（猕猴）全身器官细胞图谱发布

深圳华大生命科学研究院领衔的多国科研团队发布全球首个非人灵长类动物（猕猴）全身器官细胞图谱。研究团队基于华大智造自主研发的单细胞建库和测序平台对成年猕猴的45个器官、约114万个细胞进行了单细胞测序分析，将其分成113种主要的细胞类型和463种细胞亚类，并搭建非人灵长类动物百万单细胞交互式资源网站。该图谱将被用于物种进化、人类疾病及药物评价和筛选相关的研究，为生物医学的发展提供了基础性的资源和工具，为疾病诊疗、靶向药物开发提供助力，为人类更好地探究生命的进化提供可能。

（9）哺乳动物染色体编辑取得新突破

中国科学院动物研究所、北京干细胞与再生医学研究院的李伟团队与周琪团队合作，以小鼠单倍体胚胎干细胞为基础，利用基因编辑技术，设计了染色体Rb融合和相互易位的策略，进而实现了哺乳动物的完整染色体重排，并创建出具有全新染色体组型的小鼠。这意味着我国科学家在全球首次实现了哺乳动物的完整染色体重排，取得了合成生物学领域新的突破。

（10）首款国产注射用重组人凝血因子Ⅷ及重组Ⅲ型人源化胶原蛋白冻干纤维获批上市

神州细胞工程有限公司自主研发的、工艺和制剂均不含白蛋白的第三代重组人凝血因子Ⅷ获批上市，用于成人及青少年血友病A患者出血的控制和预防。山西锦波生物医药股份有限公司自主研发、采用人源化胶原蛋白生物新材料开发的重组Ⅲ型人源化胶原蛋白冻干纤维获批上市，该产品用于面部真皮组织填充以纠正额部动力性皱纹，为相关材料临床应用及产业转化奠定了良好基础。两款产品的上市标志着基因工程技术在我国血液制品和新型生物材料的研发领域获得新的进展。

（11）采用合成生物技术研制的新一代化疗药物获批上市

成都华昊中天药业有限公司自主研发并拥有自主知识产权的1类创新药优替德隆注射液获批上市。该药将天然埃博霉素产生菌或异源宿主菌作为起始菌，通过独特的组合生物合成技术及粘细菌基因工程育种技术获得。优替德隆是新一代微管抑制剂，作为国内首个获批的埃博霉素类抗肿瘤药物，实现了肿瘤化疗药物的新突破，为晚期乳腺癌患者提供了新的治疗选择。

（12）国产宫颈癌疫苗通过世界卫生组织预认证，四价流脑结合疫苗获批上市

由厦门大学和厦门万泰沧海生物技术有限公司联合开发的双价人乳头瘤病毒疫苗正式通过世界卫生组织预认证。这是首个获得该认证的国产宫颈癌疫苗产品，标志着我国成为继美国、英国之后世界上第三个具备宫颈癌疫苗对外供应能力的国家。

由康希诺生物股份公司自主研发的ACYW135群脑膜炎球菌多糖结合疫苗（CRM197载体）获批上市。该疫苗是国内首个上市的覆盖A群、C群、W135群、Y群四种血清群的流脑结合疫苗，可用于预防3月龄至3周岁儿童由脑膜炎奈瑟球菌引起的流行性脑脊髓膜炎，有效弥补了多糖疫苗在保护年龄范围上的不足。

（13）我国首个双靶点治疗系统性红斑狼疮的新药及首个治疗恶性肿瘤的抗体偶联新药上市

荣昌生物制药（烟台）股份有限公司自主研发的BLyS/APRIL双靶标生

物创新药泰它西普和抗体偶联药物维迪西妥单抗，均通过国家药监局优先审评审批程序获附条件批准上市。泰它西普适用于常规治疗后仍具有活动性、自身抗体阳性的系统性红斑狼疮成年患者，是首个获批上市的治疗系统性红斑狼疮的国产生物药。维迪西妥单抗是我国首款获批上市的抗体偶联药物，用于至少接受过2种系统化疗的HER2过表达局部晚期或转移性胃癌患者的治疗。

5. 重大创新平台

（1）生物靶向药物国家工程研究中心

国家发展和改革委员会（简称“国家发展改革委”）批复同意由在蓉企业四川科伦博泰生物医药股份有限公司（为成都市创新药链主企业科伦药业控股子公司）联合相关高校、科研院所和产业链上下游企业，搭建协同创新机制，组建生物靶向药物国家工程研究中心。

该中心是国家根据建设现代化经济体系的重大战略需求，以服务国家重大战略任务和重点工程实施为目标，组织具有较强研究开发和综合实力的企业、科研单位、高校等建设的研究开发实体，与产业、制造业、科技创新中心等共同构成国家创新平台体系。其主要任务和目标为围绕生物靶向药物研究与产业化，搭建靶向序列发现及优化、快速筛选与成药性评价、制备工艺研究及质量控制和工程化研究四大关键共性技术平台，大力突破现有治疗药物在疗效、耐药、安全性、用药可及性等方面的技术瓶颈，提升标准化生产和质量控制检测水平，在临床急需的重大治疗领域持续开发具有自主知识产权的创新生物靶向药物，为保障人民生命健康提供新的治疗技术和手段。

（2）中山大学肿瘤防治中心

中山大学肿瘤防治中心二期项目将坚持“医研产一体化”发展思路，以国家肿瘤医学重点实验室、国家肿瘤医学临床研究中心、国家新药（中药）临床试验研究中心等为技术力量支撑，打造生物医药创新及成果转化平台，促进粤港澳大湾区生物医药产业发展。中山大学肿瘤防治中心是集医疗、教学、科研、预防于一体的肿瘤学基地，承担国家肿瘤防治重任，在全国尤其是粤港澳大湾区的肿瘤防治工作中发挥着龙头作用，学科地位、综合实力居全国领先水平。

根据规划，黄埔院区二期将在服务规模及诊疗能力进一步提升的同时，补全专科设置、补强科研及临床转化，成为国家癌症区域医疗中心重要载体。黄埔院区整体规模将扩增13万平方米，医疗服务体量将增至1200张床。黄埔区委、区政府将投入5亿元支持项目建设，中山大学肿瘤防治中心负责基本建设、设备配置及人才培养，承担医疗及防疫、科研转化等任务。

（3）上海市生物医药产业技术创新功能型平台

上海市生物医药产业技术创新功能型平台启动中试研究模块建设，正是要在创新前沿的公共服务上补齐短板，助力大批新兴生物药研发项目飞跃从实验室到工厂化生产之间的“中试鸿沟”。为此，该平台专门建造了单抗药中试线、细胞治疗药品第三方检测平台、生物药GMP（药品生产质量管理规范）制备生产线等，为本土药企提供顶尖“创新阶梯”。

推进研发与转化功能型平台建设，是构筑上海科创中心“四梁八柱”的重要内容。上海市已建成和培育各类研发与转化功能型平台约20家，上海市生物医药产业技术创新功能型平台作为首批研发与转化功能型平台之一，主要使命正是帮助创新企业打通生物医药产业链，支撑重大创新药研发转化、支撑生物医药前沿领域的创新创业。上海市生物医药产业技术创新功能型平台已分别在抗体药物、CAR-T治疗、干细胞研发、类器官制备、AI新药研发等领域布局，为张江药谷开拓衔接世界一流新药研发的创新链条。

（4）杭州医药港生物医药加速器

杭州医药港以国资平台公司杭州钱塘新区产业发展集团为投资建设和运营主体，搭建生物医药加速器，项目共五期，累计投资近35亿元，打造建成集海外高层次人才创业基地、中试基地、产业加速器于一体的科技加速平台。其中，一期总占地面积约5.3万平方米，总投资4.5亿元，聚集了一批基础服务平台和科研平台，如浙江大学（杭州）创新医药研究院、奕安济世；二期项目总投资约3亿元，总占地面积约3.4万平方米；三期总建筑面积约20.6万平方米，总投资约8.8亿元，主要为多层厂房；四期总投资10.6亿元，总建筑面积约31万平方米；五期总用地面积约6万平方米，总投资约7.2亿元。杭州医药港建成后将聚焦生物医药产业中的精准医疗领域，囊括基因、免疫、靶向、细胞等前沿医药技术，主要引进处于临床前、临床Ⅰ期阶段的成长型企业、医药器械生产型企业及小部分研发型企业等。

另外，杭州医药港通过引入专业外包服务机构，完善中试和产业化服务链，例如，引入维亚聊诚杭州新药CMO/CDMO（合同研发生产组织）生产项目。该项目总投资约10亿元，总用地面积约2.7万平方米，总建筑面积7.83万平方米，拟建设生物医药中试与生产基地工业化厂房及生产车间。

（5）郑州临空生物医药园大分子药物CDMO平台

郑州临空生物医药园大分子药物CDMO平台是河南省首个同时符合美国

FDA、欧洲药品管理局（EMA）和我国国家药品监督管理局GMP标准的大分子药物CRO/CMO平台，旨在为生物大分子药物提供研发生产一体化CDMO服务，2018年成功入选“智汇郑州·1125聚才计划”。

该平台现已正式投用，可为郑州航空港区乃至全国的生物医药企业提供稳定细胞系筛选、中试发酵工艺、大规模培养工艺及大分子纯化工艺开发服务，病毒载体、疫苗、抗体药物、重组蛋白药物中试和大规模生产服务，生物大分子药物制剂的生产技术服务，支撑产品在中国、美国、欧洲等地同时进行临床试验并快速上市，实现客户的研究成果全球同步转化。

该平台总建筑面积11453平方米，共4层。建有中试工艺开发实验室及符合国际标准的500L、2000L规模生产线，由东北制药团队负责设计，按照国际最高硬件标准打造，配有Sartorius生物反应器、Millipore下游纯化系统、MMM灭菌柜及Bosch洗烘灌轧联动线、施耐德SCADA系统等高端进口设备。

三、中国生物医药产业政策进展

1.《“十四五”医药工业发展规划》印发

2021年3月12日，《中华人民共和国国民经济和社会发展第十四个五年规划和2035年远景目标纲要》（简称《纲要》）发布，明确了国家“十四五”期间的政策要求及未来15年经济和社会发展的远景目标，指明了未来医药行业的重点发展方向。

在生物医药领域方面，《纲要》明确要推动生物技术和信息技术融合创新，加快发展生物医药、生物育种、生物材料、生物能源等产业，做大做强生物经济。聚焦生物医药等重大创新领域组建一批国家实验室，重组国家重点实验室，形成结构合理、运行高效的实验室体系。

2021年12月，工业和信息化部、国家发展改革委等9部门联合发布《“十四五”医药工业发展规划》，明确包括生物医药在内各领域未来5年的发展方向，推动全行业加快“质量+效率+动力”变革，标志着我国医药制造业迈入高质量发展新阶段。2022年5月，国家发展改革委印发《“十四五”生物经济发展规划》，强化对生物医药的支持，明确指出生物经济四大重点发展领域之一就是顺应“以治病为中心”转向“以健康为中心”的新趋势，发展面向人民生命健康的生物医药。随着医药审批、采购及保护制度的完善和金融支持力度的加大，生物医药市场将迎来新发展机遇。

“十四五”时期是我国医药行业创新驱动发展转型的关键时期，国产创新药进入商业化关键阶段，预计将有200个以上的新药申报NDA（新药申请）/BLA（生物制品许可申请）。生物制品是目前全球发展最快的领域，国内在鼓励创新的政策推动下，以重组蛋白和单抗为代表的新品正加速上市，上市后有望通过医保价格谈判纳入医保后放量，中长期行业高景气度将延续。同时，受益于健康消费水平提升，具备新冠病毒疫苗、商业二类疫苗研发和生产能力的企业有望迎来市场快速放量，生长激素、血制品板块将保持高景气度，行业增长将得以维持。细胞与基因治疗（CGT）行业进入快速发展时代，具备极强产品力的国产创新药国际化值得期待。医药外包（CXO）赛道长期产业价值仍然突出，“海外制药产业链转移 + 中国医药创新”持续作为推动CXO高景气度的双重动力。随着生物制品的国家级集采陆续启动，生物制药利润空间将受到压缩，但生物药中长期高景气发展的趋势将保持不变，生物创新药的长期市场仍然存在。

2. 医药行业政策密集出台

2021年是“十四五”规划开局之年，医药行业政策密集出台（见表2–9）。近年来，国务院，包括国家发展改革委、国家药监局、国家市场监督管理总局（简称“市场监管总局”）等多部门都陆续印发了支持、规范生物医药行业的发展政策，内容涉及生物医药发展趋势、生物医药研发生产规范、生物医药新技术等（见表2–10）。关于生物医药细分领域如疫苗、诊断试剂等，国家也出台了相应的扶持发展政策。多项政策对未来几年生物医药领域发展影响重大。中国生物医药行业凭借持续政策改革带来的机遇，在逆境中迸发出创新活力，国家层面出台重大项目产业化扶持政策，加快生物医药行业相关企业在当地形成集聚化效应。

表2-9　2021年国家层面发布的生物医药政策

发布部门	政策名称	发布日期
全国人民代表大会	《中华人民共和国国民经济和社会发展第十四个五年规划和2035年远景目标纲要》	2021年3月
国务院办公厅	《深化医药卫生体制改革2021年重点工作任务》	2021年6月
国务院	《“十四五”国家知识产权保护和运用规划》	2021年10月
商务部	《关于“十四五”时期促进药品流通行业高质量发展的指导意见》	2021年10月
国家发展改革委、工业和信息化部	《关于推动原料药产业高质量发展实施方案的通知》	2021年11月
国务院反垄断委员会	《关于原料药领域的反垄断指南》	2021年11月
国家药监局药品审评中心	《以临床价值为导向的抗肿瘤药物临床研发指导原则》	2021年11月
工业和信息化部等6部门	《国家医药储备管理办法（2021年修订）》	2021年12月
国家药监局等8部门	《“十四五”国家药品安全及促进高质量发展规划》	2021年12月

表2-10　2021—2022年国家层面生物医药行业相关政策及重点内容

时间	部门	政策名称	重点内容	政策类型
2022年5月	国家发展改革委	《“十四五”生物经济发展规划》	明确生物经济四大重点发展领域。一是顺应“以治病为中心”转向“以健康为中心”的新趋势，发展面向人民生命健康的生物医药。二是顺应“解决温饱”转向“营养多元”的新趋势，发展面向农业现代化的生物农业。三是顺应“追求产能产效”转向“坚持生态优先”的新趋势，发展面向绿色低碳的生物质替代应用。四是顺应“被动防御”转向“主动保障”的新趋势，加强国家生物安全风险防控和治理体系建设	支持类
2022年3月	市场监管总局、工业和信息化部	《关于推进国家级质量标准实验室建设的指导意见》	到2025年，力争在高端制造、新材料、信息技术、生物医药等重点领域建设若干国家级质量标准实验室。到2035年，基本建成同现代产业体系发展与安全保障相适应的国家级质量标准实验室体系	支持类
2021年12月	国务院	《国务院关于印发计量发展规划（2021—2035年）的通知》	加快医疗健康领域计量服务体系建设，围绕疾病防控、生物医药、诊断试剂、高端医疗器械、康复理疗设备、可穿戴设备、营养与保健食品等开展关键计量测试技术研究和应用	支持类
2021年12月	国家药监局等8部门	《“十四五”国家药品安全及促进高质量发展规划》	提出十方面的主要任务，包括支持产业升级发展：一是持续推进标准体系建设，二是开展促进高质量发展监管政策试点，三是进一步加快重点产品审批上市	支持类
2021年3月	国家卫生健康委	《国家免疫规划疫苗儿童免疫程序及说明（2021年版）》	主要有两大变化：一是优化调整部分接种程序和剂型，二是对长期困扰基层医疗工作者、临床医生和家长的常见特殊健康状态儿童接种问题进行说明	规范类

截至2023年9月，我国在生物类似药领域发布了一系列政策，包括《生物制品变更受理审查指南（试行）》《药品注册核查工作程序（试行）》等。这些政策旨在明确生物类似药的定义和管理原则，鼓励创新药和生物类似药的发展，强化了审批标准和监管体系，同时加强了对生物类似药的质量控制。政策还强调了以患者的最佳治疗为导向，不应牺牲安全性和有效性。这些政策反映了中国对生物类似药领域的支持，切实促进了医药行业的高质量发展。

2021年12月，工业和信息化部、国家发展改革委等9部门联合印发了以创新为主旋律的《“十四五”医药工业发展规划》（简称《规划》）。《规划》明确提出：大力推动创新产品研发；推动企业围绕尚未满足的临床需求，加大投入力度，开展创新产品的开发；支持企业立足本土资源和优势，面向全球市场，紧盯新靶点、新机制药物开展研发布局，积极引领创新。

3. 医药集采工作进一步做好

2023年3月，国家医疗保障局办公室发布的《关于做好2023年医药集中采购和价格管理工作的通知》要求，“到2023年底，每个省份的国家和省级集采药品数累计达到450种，其中省级集采药品应达到130种”，并提出“指导上海、江苏、河南、广东牵头开展联盟接续采购”“重点指导湖北牵头扩大中成药省际联盟采购品种和区域范围，江西牵头开展干扰素省际联盟采购，广东牵头开展易短缺和急抢救药省际联盟采购”，2023年地方集采工作均照此全面展开。

2023年3月29日和11月6日分别进行了第八批、第九批国家带量采购，拟中选药品分别平均降价56%、58%，相应预计每年可节约药费167亿元、182亿元。

前九批国家带量采购共有1609家企业的386个品种、2480个产品参加投标，其中1135家企业的374个品种、1645个产品中选，474家企业的12个品种、835个产品落标，产品和企业的中选率分别为66%和71%。

4.《“十四五”中医药发展规划》发布

2022年3月，国务院办公厅印发《“十四五”中医药发展规划》（简称《规划》），对“十四五”期间的中医药工作进行全面部署。这是依据《中华人民共和国国民经济和社会发展第十四个五年规划和2035年远景目标纲要》，首个以国务院办公厅名义印发的中医药五年规划，从战略层面为实现新时期中医药高质量发展明确了举措，提供了保障。围绕医疗、科研、产业、教育、文化、国际合作等中医药发展重点领域，《规划》部署了十个方面的主要任务，分别为建设优质高效中医药服务体系、提升中医药健康服务能力、建设高素质中医药人才队伍、建设高水平中医药传承保护与科技创新体系、推动中药产业高质量发展、发展中医药健康服务业、推动中医药文化繁荣发展、加快中医药开放发展、深化中医药领域改革及强化中医药发展支撑保障。

5.《药品网络销售监督管理办法》施行

2022年8月，市场监管总局发布《药品网络销售监督管理办法》，自2022年12月1日起施行。为贯彻中共中央、国务院关于药品监管“四个最严”要求及一系列决策部署，细化《中华人民共和国药品管理法》关于药品网络销售的规定，统筹群众购药便利性和药品安全监管，切实保障公众用药安全和合法权益，市场监管总局在深入研究、充分论证的基础上，制定了《药品网络销售监督管理办法》。文件共6章42条，对药品网络销售管理、平台管理、监督检查及法律责任做出了规定，主要内容包括落实药品经营企业主体责任，压实药品网络销售平台责任，加强处方药网络销售管理，落实“四个最严”要求，优化各级监管部门的监管措施。

6. 新型冠状病毒肺炎更名为“新型冠状病毒感染”并实施乙类乙管

国家卫生健康委于2022年12月26日发布公告：一是将新型冠状病毒肺炎更名为新型冠状病毒感染。二是经国务院批准，自2023年1月8日起，解除对新型冠状病毒感染采取的《中华人民共和国传染病防治法》规定的甲类传染病预防、控制措施；新型冠状病毒感染不再纳入《中华人民共和国国境卫生检疫法》规定的检疫传染病管理。同日发布的《关于印发对新型冠状病毒感染实施“乙类乙管”总体方案的通知》明确，乙类管理将会有以下调整：对新冠病毒感染者不再实行隔离措施，不再判定密切接触者；不再划定高低风险区；对新冠病毒感染者实施分级分类收治并适时调整医疗保障政策；检测策略调整为“愿检尽检”；调整疫情信息发布频次和内容。

四、中国生物医药行业融资进展

1. 生物医药行业近年融资情况

2023年，中国医疗健康领域共发生1797起投融资事件，与2022年相比下降16.11%。在融资金额方面，2023年中国医疗健康领域融资金额约1500.2亿元，相比于2022年的2578.7亿元下降41.82%。具体到不同领域，2023年，国内医药赛道（包含创新药、传统制药、改良型新药）共发生融资事件467起，同比下降17.34%，融资金额达936.3亿元，同比下降26.53%；医疗器械赛道（包含医疗器械、体外诊断试剂及基因检测试剂等）共发生623起融资事件，同比下降17.26%，融资金额为368.4亿元，同比下降57.92%。

2023年，全国生物医药领域（拟收购、被收购、定增、挂牌上市除外）共发生融资事件895起，累计金额739.68亿元。从融资地域看，2023年融资事件主要分布在江苏省（195起）和广东省（163起）。从融资金额来看，上海市最为突出，融资金额高达200.12亿元；其次为江苏省，融资金额达119.18亿元（见图2-8）。

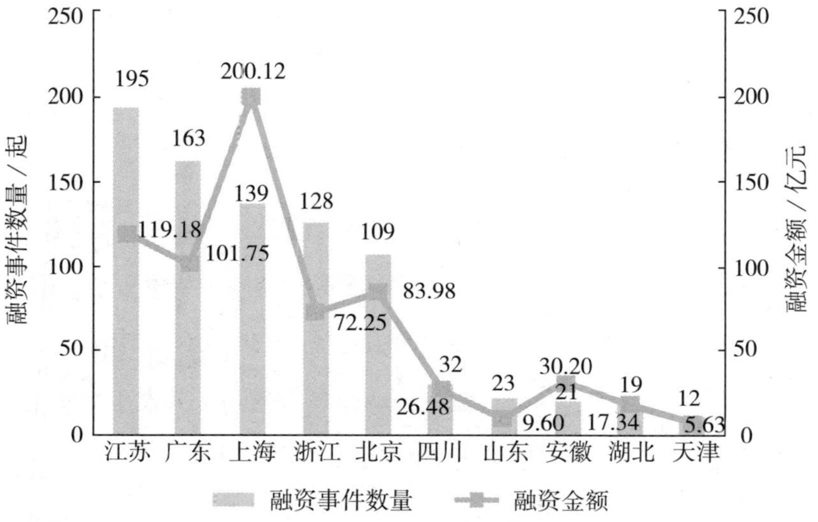

图2-8　2023年全国生物医药行业融资事件分布情况

2. 2023年最值得关注的融资项目

（1）海森生物：完成3.15亿美元融资

亚洲专注于医疗健康行业的私募股权基金——康桥资本和海森生物医药有限公司联合宣布海森生物医药有限公司（简称“海森生物”）完成了3.15亿美元的融资。海森生物是一家创新型生物医药企业，由康桥资本、合肥产投集团与合肥市肥东县共同投资组建；该轮融资由康桥资本和阿布扎比主权财富基金穆巴达拉投资公司共同领投，其他机构投资者跟投，募集资金将用于未来的收购和创新产品管线的业务发展。

海森生物立足中国的同时放眼全球，通过“全产业”和“全球化”的布局，连接上下游产业链，凭借多元化的方式，依托其控股股东康桥资本全球的医疗健康平台和资源来丰富慢性疾病与老年疾病管理领域的产品结构和产品管线。海森生物持续发力慢性疾病与老年疾病管理生态圈，打造中国领先的创新医疗健康企业。

（2）生工生物：正式引进20亿元首轮战略融资

生工生物工程（上海）股份有限公司（简称“生工生物”）在上海浦东香格里拉大酒店举行战略融资签约大会，宣布正式引进首轮战略融资，融资规模达20亿元。本轮融资由德福资本、CPE源峰、景林投资、华盖资本管理的首都大健康基金、国开科创和华胜资本共同完成。

生工生物是一家中外合资高新技术企业，隶属于集团公司BBI LIFE SCIENCES。生工生物是中国生命科学科研产品及技术服务行业中具有全面覆盖的知名供应商，且为全球大型的DNA合成定制产品生产商之一，致力提供生命科学产品与技术服务，提供DNA合成、DNA测序、实验室耗材、小型仪器、生化试剂、分子生物学试剂盒、基因合成、多肽合成、抗体制备、蛋白质组学产品、蛋白表达及纯化、SNP分型、菌种鉴定等产品和服务。

（3）甘肃国投：以约18.71亿元收购佛慈制药38.37%股份

甘肃省国有资产投资集团有限公司（简称“甘肃国投”）发布了第三次提示性公告，要约收购期限为2023年9月22日至10月23日，申报价格为9.55元/股。要约收购范围为除佛慈集团以外的所有股东持有的无限售条件流通股，收购数量为195943324股，占已发行股份的38.37%。本次要约收购所需最高资金总额约为18.71亿元。

兰州佛慈制药股份有限公司是一家有近百年制药史的市属国有控股上市公司和“中华老字号”企业，1929年创建于上海，1956年西迁兰州，2011年在深交所首发上市。该公司已发展成为集中药材种植与加工、天然药物与保健品研发、中药现代剂型及保健食品生产销售为一体的西北地区中医药行业的骨干企业。其产品剂型以浓缩丸为主，主要产品为六味地黄丸、逍遥丸、桂附地黄丸、知柏地黄丸、参茸固本还少丸、香砂养胃丸、杞菊地黄丸等。

（4）蓬勃生物：完成约2.2亿美元C轮融资

2023年1月，金斯瑞蓬勃生物（简称“蓬勃生物”）宣布进行约2.2亿美元的C轮融资。本轮融资是2022年下半年以来国内最大规模的CDMO产业融资，由多支活跃在生物医药投资领域前沿的投资机构参与。本轮融资由君联资本领投，弘晖基金、建发新兴投资、联新资本、服务贸易创新发展引导基金、华泰紫金、广发信德和兴业国信共同出资，老股东高瓴投资再次参与本轮融资。

蓬勃生物拥有一站式生物药研发生产平台，主要致力为细胞与基因治疗药物、疫苗及生物药发现、抗体及重组蛋白药物等提供从靶点开发到商业化生产的端到端CDMO服务。蓬勃生物的细胞与基因治疗整体解决方案涵盖非注册临床、工艺开发、注册临床和商业化全阶段质粒病毒生产。蓬勃生物的生物药开发解决方案涵盖生物药，尤其是抗体药发现、抗体工程和抗体评价。

（5）百明信康：完成逾11亿元C轮融资

专注于提供突破性免疫治疗方案的生物制药公司百明信康宣布完成逾11亿元C轮融资。本轮融资由德同资本、百润资本、德国YSIM基金、见素资本、科泉基金、康君资本，以及一家欧洲本地的著名金融机构和老股东联合投资。本轮融资的资金将主要用于现有产品管线的全球开发及商业拓展，自主研发平台的构建及新项目的引入，以及加快公司国际化和专业化团队的搭建。

百明信康成立于2018年，总部位于中国新兴生物技术中心上海，同时在欧洲制药业的核心区域巴塞尔拥有运营中心。公司正在迅速扩大其全球业务，努力成为一家全方位发展的制药公司。百明信康是一家过敏免疫治疗创新药物的研发商，专注于提供突破性的免疫治疗方案，以有效对抗过敏、自身免疫性疾病和其他严重未满足医疗需求的疾病。百明信康通过内部开发和外部合作等灵活的商业模式，基于PCFiT和Apitope两大技术平台，快速构建针对过敏和自身免疫性疾病适应证的研发管线。此外，公司也在积极推进分子过敏诊断自研平台的建设。百明信康致力成为世界领先的免疫治疗公司，为患者提供创新、安全且有效的治疗方案。

第三章　广州生物医药产业发展情况

一、广州生物医药产业发展形势

广州一直在积极培育生物医药产业，打好产业基础高级化、产业链现代化攻坚战，并且已初步形成规模化、集群化、融合化和生态化的发展优势和先导地位，总体水平跻身国家第一梯队。

广州现有各类生物医药企业6400多家，总数排名保持全国第三；其中，高新技术企业1000多家，2020—2022年新增8家上市公司，上市企业数量达到47家，总市值超过3000亿元，位居全国第四。新冠疫情期间，抗原检测试剂盒、检测服务量排名全国第一，以检验检测、医疗器械、现代中药、保健食品为主导，精准医疗为新动力的产业体系基本形成。广州实验室等重大创新平台加快建设，生物医药原始创新能力大幅跃升；新增多家药物临床试验机构，2021年广州市创新药物临床试验服务中心在粤港澳大湾区生命健康产业创新区揭牌。广州海关技术中心P3实验室、国家呼吸医学中心P3实验室等多个研发平台落地运营，广州市第一人民医院、中山大学中山眼科中心、中山大学孙逸仙纪念医院等三甲医院转化实验室持续建设。2021年，广州拥有省内所有医学“双一流”高校和10多家知名学府，以及省内全部6家药物非临床安全性评价研究（GLP）机构和全省近半、共39家药物临床试验（GCP）机构，5个国家重点实验室（含企业国家重点实验室）、5个国家企业技术中心、3个国家工程技术研究中心、6个国家工程实验室等一大批创新服务平台，科研实力稳居全国前列。

1. 产业规模

（1）医药制造业

生物医药产业是广州三大新兴产业之一，2023年广州生物医药与健康产业前三季度增加值为1241.82亿元，1—10月医药制造业增加值同比增长22.7%。2022年生物医药与健康产业增加值为1651.47亿元，占广州地区生产总值的比重为5.73%，同比增长8.5%。2022年，广州市全年高技术制造业增加值为1002.76亿元，同比增长8.1%，高出全市规模以上工业增加值增长率7.3个百分点。2022年医药制造业实现工业增加值同比增长49.5%，高出全市规模以上工业增加值增长率48.7个百分点，拉动全市规模以上工业增长1.9个百分点。其中生物药品制造业工业增加值为172.34亿元，占医药制造业的65.5%，同比增长1.3倍。

根据《2023广州统计年鉴》，2022年广州医药制造业规模以上企业共147家，比上年增加10家；工业总产值为601.35亿元，同比增长20.3%（见图3–1）。

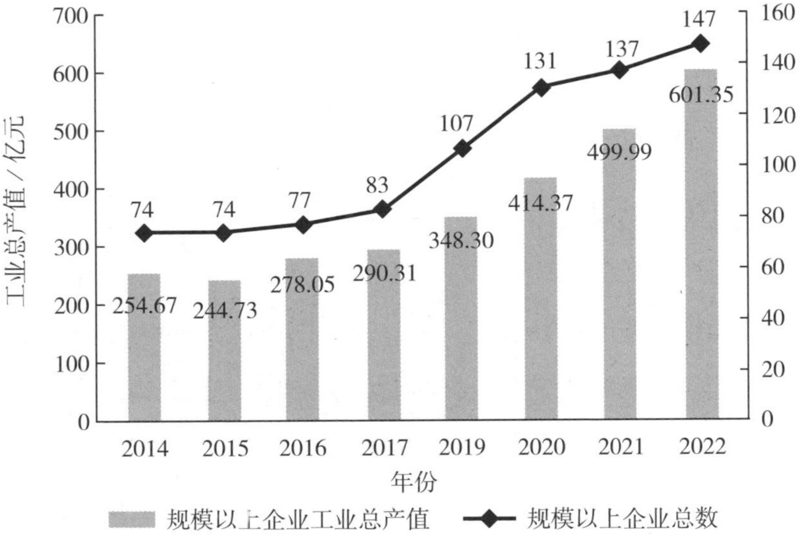

图3-1　2014—2017、2019—2022年广州医药制造业规模以上企业发展情况

（2）医疗器械

医械数据云数据显示，2023年广州医疗器械生产企业数量排名全国第一（1759家），占全国的比重为4.8%。2022年广州医疗器械产业规模达695.96亿元，位居全省第二。2021年广州医疗器械产业总产值为801.48亿元，位列全省第二（仅次于深圳），产值占全国比重为5.86%。2017—2021年医疗器械产值复合增长率为32.56%。

2021年，广州医疗器械上市企业营业收入前三位分别是金域医学（119.43亿元）、达安基因（76.64亿元）、万孚生物（33.61亿元）。2017—2021年广东省医疗器械上市企业营收情况如表3-1所示。从企业数量上看，2021年广州医疗器械生产企业总数排名全省第一，共有医疗器械生产企业1496家，经营企业23069家，上市及挂牌企业16家。

表3-1　2017—2021年广东省医疗器械上市企业营收情况

上市企业	所在城市	主营业务细分领域	营收/亿元					2017—2021年复合增长率
			2017年	2018年	2019年	2020年	2021年	
迈瑞医疗	深圳	医用医疗设备	111.74	137.53	165.56	210.26	252.70	22.63%
金域医学	广州	体外诊断试剂	37.92	45.25	52.69	82.44	119.43	33.22%
稳健医疗	深圳	低值耗材	34.98	38.39	45.75	125.34	80.37	23.12%
达安基因	广州	体外诊断试剂	15.42	14.79	10.98	53.41	76.64	49.30%
华大基因	深圳	体外诊断试剂	20.96	25.36	28	83.97	67.66	34.05%
万孚生物	广州	体外诊断试剂	11.45	16.5	20.72	28.11	33.61	30.88%
健帆生物	珠海	血液净化类设备	7.18	10.17	14.32	19.51	26.75	38.91%
凯普生物	潮州	体外诊断试剂	4.79	5.8	7.29	13.54	26.73	53.69%
新产业生物	深圳	体外诊断试剂	11.41	13.84	16.82	21.95	25.45	22.22%
乐心医疗	中山	家用医疗设备	8.67	7.75	8.84	13.37	18.21	20.40%
尚荣医疗	深圳	其他器械	20.06	16.3	15.31	22.67	17.9	−2.81%
理邦仪器	深圳	医用医疗设备	8.43	9.93	11.36	23.19	16.36	18.03%
开立医疗	深圳	医用医疗设备	9.89	12.27	12.54	11.63	14.45	9.93%
亚辉龙	深圳	体外诊断试剂	5.3	7.29	8.77	9.99	11.78	22.09%
维力医疗	广州	低值耗材	6.3	7.46	9.94	11.31	11.19	15.44%

续表

上市企业	所在城市	主营业务细分领域	营收/亿元					2017—2021年复合增长率
			2017年	2018年	2019年	2020年	2021年	
宝莱特	珠海	医用医疗设备	7.11	8.13	8.26	13.96	10.91	11.28%
先健科技	深圳	高值耗材	4.09	5.57	6.69	6.42	9.25	22.63%
洁特生物	广州	医用医疗设备	1.67	2.07	2.47	5.04	8.56	50.44%
惠泰医疗	深圳	高值耗材	1.53	2.42	4.04	4.79	8.29	52.51%
阳普医疗	珠海	低值耗材	5.5	5.5	5.75	9.19	8.00	9.83%
普门科技	深圳	体外诊断试剂	2.51	3.23	4.23	5.54	7.78	32.71%
和佳医疗	珠海	其他器械	11.12	11.96	12.18	9.3	7.34	−9.86%
燃石医学	广州	体外诊断试剂	1.11	2.09	3.82	4.3	5.08	46.20%
冠昊生物	广州	高值耗材	4.5	4.58	4.38	4.37	4.89	2.08%
禾信仪器	广州	医用医疗设备	0.93	1.25	2.2	3.12	4.64	49.67%
安必平	广州	体外诊断试剂	2.6	3.06	3.55	3.75	4.39	13.94%
迈普医学	广州	高值耗材	0.54	0.86	1.13	1.24	1.54	29.95%

广州生物医药龙头企业相关布局领先于全国甚至全球。广州研发的新冠病毒感染AI辅助诊断系统在全国线上推广，获联合国推荐并在全球推广。

具体来看，达安基因研发出国内首个获批的30分钟内核酸快速检测产品，其新冠核酸快检产品市场占有率高达62.9%；金域医学核酸检测累计超5亿人份，日检测产能达130万管，累计核酸检测量及日检测产能均位居全球第一（见表3–2）。

表3-2　广州生物医药龙头企业领先布局情况

企业	布局成果
达安基因	研发出国内首个获批的30分钟内核酸快速检测产品，其新冠核酸快检产品市场占有率高达62.9%
金域医学	核酸检测累计超5亿人份，日检测产能达130万管，累计核酸检测量及日检测产能均位居全球第一
万孚生物	研发的新冠病毒抗原检测试剂盒是首批通过国家药监局批准的产品之一，该企业是国家首批5个抗原自测产品生产企业之一
锐博生物	研发的mRNA新冠病毒感染疫苗Ⅰ期临床进展良好，同步交叉进行Ⅱ期临床试验
因明生物	针对干性年龄相关性黄斑变性（干性AMD）的首创（First-in-class）眼科小分子药物QA102已经在美国进入Ⅱ期临床试验阶段，将开始受试患者给药

资料来源：前瞻产业研究院。

（3）医疗卫生服务

广州医疗卫生服务企业规模发展良好。据《2023广州统计年鉴》，2022年广州规模以上卫生企业单位有223个，同比增加40个，增长率达21.86%；规模以上卫生企业营业收入为298.61亿元，同比增加121.05亿元，增长率达68.17%。2018—2022年广州卫生医疗指标情况如表3-3所示。

表3-3　2018—2022年广州卫生医疗指标情况

卫生医疗指标	2018年	2019年	2020年	2021年	2022年
规模以上卫生企业单位数/个	89	141	161	183	223
规模以上卫生企业营业收入/亿元	89.33	126.99	134.66	177.56	298.61
全市卫生机构数/个	4598	5093	5550	5814	6159
全市医院数/个	255	269	289	291	298
全市卫生技术人员数/人	156497	168056	177835	187703	195697
全市医生数/人	54134	58671	62329	66204	68687

续表

卫生医疗指标	2018年	2019年	2020年	2021年	2022年
全市卫生机构床位数/张	95134	100080	101640	106513	110507
全市医院床位数/张	86011	90940	93067	97117	100490
每万人口医生数/人	36.32	38.33	33.26	35.20	36.66
每万人口医院床位数/张	57.71	59.41	49.66	51.63	53.64

注：1.“医生”为执业（助理）医师。
2.“医院”不包括卫生院及社区卫生服务中心（站）。
3.“每万人口”用年末常住人口计算。

根据《2020年广州市卫生资源和医疗服务简报》，截至2020年底，广州市医疗卫生机构共5550个（见图3-2），其中医院289个、基层医疗卫生机构5070个、专业公共卫生机构101个、其他卫生机构90个。与上年相比，医疗卫生机构总数增加457个，增长8.97%。全市三级医疗机构（含医院、妇幼保健院、专科疾病防治院）71个，其中三甲医疗机构38个。

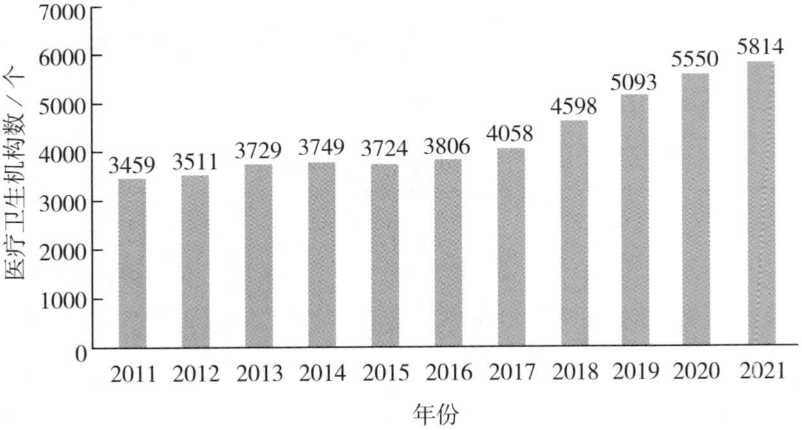

图3-2　2011—2021年广州市医疗卫生机构数

2020年，广州市医疗卫生机构拥有床位10.16万张，其中医院9.31万张（含民营医院1.89万张），卫生院0.19万张，妇幼保健机构0.38万张，专科疾病防治机构0.01万张，社区卫生服务机构0.25万张，如图3-3所示。

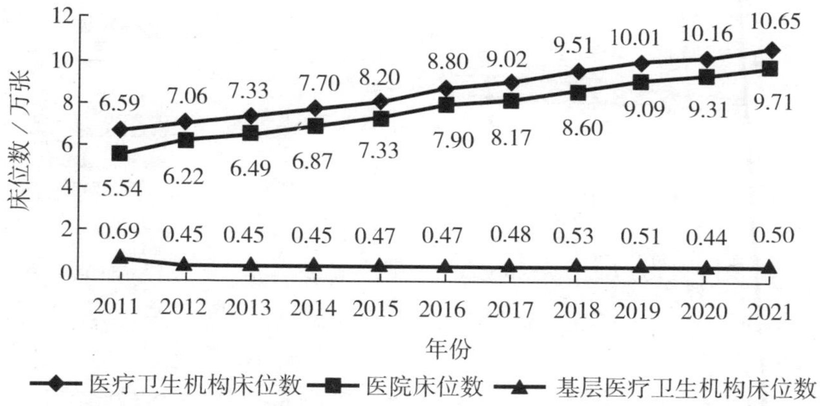

图3-3　2011—2021年广州市医疗卫生机构床位数

注：“基层医疗卫生机构床位数”含卫生院和社区卫生服务机构床位数。

截至2020年底，广州市医疗卫生机构在岗职工21.46万人，其中卫生技术人员17.78万人、乡村医生和卫生员0.05万人、管理人员0.96万人、工勤技能人员1.90万人、其他技术人员0.76万人。卫生技术人员中，执业（助理）医师6.23万人，注册护士8.25万人（见图3-4）。与上年相比，在岗职工增加1.19万人，其中执业（助理）医师增加0.37万人，注册护士增加0.47万人。

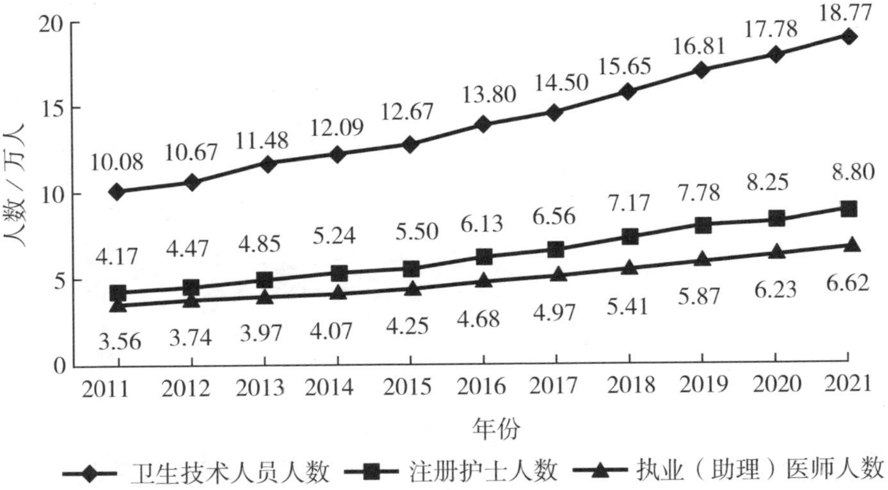

图3-4　2011—2021年广州市医疗卫生机构卫生技术人员在岗情况

据2023年11月复旦大学医院管理研究所公布的《2022年度中国医院综合排行榜》，广东省2022年共有12家医院进入全国医院综合排名前100。其中有10家是广州的医院，分别是中山大学附属第一医院（第15名）、南方医科大学南方医院（第17名）、中山大学肿瘤防治中心（第32名）、广东省人民医院（第33名）、广州医科大学附属第一医院（第42名）、中山大学附属第三医院（第58名）、中山大学孙逸仙纪念医院（第65名）、广州市妇女儿童医疗中心（第68名）、中山大学中山眼科中心（第70名）、南方医科大学珠江医院（第78名）。其中，南方医科大学珠江医院同比提高9名，进步幅度较大（见表3-4）。

表3-4　2020—2022年中国医院综合排行榜广州医院上榜情况

医院	2020年排名	2021年排名	2022年排名
中山大学附属第一医院	8	9	15
南方医科大学南方医院	18	18	17

续表

医院	2020年排名	2021年排名	2022年排名
中山大学肿瘤防治中心	33	27	32
广东省人民医院	30	34	33
广州医科大学附属第一医院	28	31	42
中山大学附属第三医院	55	45	58
中山大学孙逸仙纪念医院	51	64	65
广州市妇女儿童医疗中心	71	69	68
中山大学中山眼科中心	65	65	70
南方医科大学珠江医院	—	87	78

除了全国医院综合排名，全国专科声誉排行榜也备受关注，2022年45个专科（前10名）中，广州有14家医院、30多个专科榜上有名。详细情况如表3-5所示。

表3-5　2022年度中国专科声誉排行榜广州医院上榜情况

医院	上榜专科
中山大学附属第一医院	重症医学、消化科、生殖医学、肾脏病、神经内科、普通外科、内分泌、临床药学、妇产科、耳鼻喉科、超声医学、病理科
南方医科大学南方医院	整形外科、血液学、消化科、肾脏病、检验医学、传染感染、病理科、麻醉科
广东省人民医院	心血管病、心外科、老年医学、放射科
广州医科大学附属第一医院	胸外科、呼吸科、变态反应
中山大学附属第三医院	康复医学、风湿病、传染感染、变态反应
中山大学肿瘤防治中心	肿瘤学、胸外科
广州市妇女儿童医疗中心	小儿外科、小儿内科、罕见病
中山大学孙逸仙纪念医院	泌尿外科
中山大学中山眼科中心	眼科
中山大学光华口腔医学院附属口腔医院	口腔科

续表

医院	上榜专科
南方医科大学珠江医院	康复医学
广州医科大学附属第二医院	变态反应
广州医科大学附属脑科医院	精神医学
广州市胸科医院	结核病

2. 产业园区

生物医药产业是广州重点发展的战略性新兴产业之一，广州市在黄埔区、越秀区、天河区重点布局生物医药产业。其中，坐落于黄埔区的广州国际生物岛，聚焦高端医疗器械、基因工程、干细胞与再生医学、化学创新药等领域；位于越秀区的粤港澳大湾区生命健康产业创新区，聚焦高端医疗器械、精准医疗等（见表3–6）。

表3–6　广州生物医药产业主要应用集聚区和布局领域

地区	主要园区平台	布局领域
黄埔区	中新广州知识城	精准医疗
	广州科学城	化学创新药、现代中药
	广州国际生物岛	高端医疗器械、基因工程、干细胞与再生医学、化学创新药
天河区	天河智慧城	化学创新药
	环五山创新策源区	化学创新药
	天河智谷	化学创新药、现代中药、高端医疗器械
越秀区	黄花岗科技园	生物药、现代中药、化学创新药、高端医疗器械
	粤港澳大湾区生命健康产业创新区	化学创新药、高端医疗器械、干细胞与再生医学、精准医疗、基因检测、高端康养

续表

地区	主要园区平台	布局领域
荔湾区	荔湾粤港澳大湾区医药健康综合试验区	现代中药、高端医疗器械、高端康养
白云区	“白云美湾”美丽健康产业园	现代中药、生物药
南沙区	生物谷	现代中药、高端医疗器械、基因工程
从化区	粤港澳大湾区（从化）生物医药产业创新平台	化学创新药

科技和产业的相互促进，加速了广州迈向全球生物医药产业新高地的脚步。《2023中国生物医药产业园区竞争力评价及分析报告》显示，2022年广州高新技术产业开发区综合竞争力排全国第6名，同比进步了6名。广州高新技术产业开发区科学城园区成为广东省内唯一入选国家发展改革委2022年区域双创示范基地督查激励推荐名单的园区。广州生物医药产业已形成了“研发在生物岛、中试在科学城、制造在知识城”的“三中心辐射多区域”产业链发展格局。除此之外，在城市的不同节点，粤港澳大湾区生命健康产业创新区（越秀）、荔湾粤港澳大湾区医药健康综合试验区、“白云美湾”美丽健康产业园正拔节生长，南沙区生物谷、健康谷的生物科技产业也迈上了集聚发展的快车道，共同推动广州形成全域布局、各有侧重、相互协同、特色鲜明的生物医药与健康产业空间格局。

（1）广州国际生物岛

2021年，广州国际生物岛（简称“生物岛”）已汇聚了500多家生物医药企业，其中世界500强项目7个，上市公司总部5家，研究院所近40家，集聚药物临床机构36家。2020年，生物岛的生物医药产业产值达80亿元。

2021年上半年生物岛共新增入驻项目42个，完成外资引入6000万美元。在2021年全球制药企业TOP50榜单中，生物岛与上榜的阿斯利康、吉利德、默克、恒瑞医药均已开展项目合作。截至同年9月，广州国际生物岛中以基金完成12个生物医药项目投资，整体预期收益约23.6亿元，总体收益率为6.22倍。

2021年4月，生物岛再迎疫苗研发转化新平台，粤港澳大湾区创新疫苗技术产业转化中心揭牌。该中心由生物岛实验室与一品红药业股份有限公司（现一品红药业集团股份有限公司）联合共建，通过双方资金和资源投入，强强联合、优势互补，产学研融合发展，助力更多科学家和创新疫苗技术企业研发转化，促进产业化规模化应用。具体工作内容包括加速实现规模化生产技术和提供示范应用平台，建成集学术交流、合作开发、成果转化、投资孵化等功能于一体的新型CDMO平台，新建和整合现有的优势中试平台和生产资源，推动粤港澳大湾区重组蛋白疫苗、核酸疫苗、病毒载体疫苗等的国际化创新发展和产业转化进程，促进大湾区疫苗产业上下游发展。粤港澳大湾区创新疫苗技术产业转化中心未来将聚焦大湾区生物疫苗产业需求，完善建设疫苗分析测试平台及中试平台，遴选国内外优秀疫苗项目，为其在大湾区落地提供成果转化及市场化服务。

（2）中新广州知识城

中新广州知识城聚集国内外优势医疗医药资源，打造一流国际癌症诊疗创新基地。有中山大学肿瘤防治中心（黄埔院区）、广州泰和肿瘤医院、广州皇家丽肿瘤医院，提供癌症诊疗高端服务。

广州国际生物医药创新中心项目位于中新广州知识城，占地面积6.5万平方米，建筑面积28.5万平方米，为世界级生物医药龙头企业集聚区——知识城生物医药价值创新园的标志性配套项目，是2020年广州市“攻城拔寨”百大项目之一。作为知识城生物医药价值创新园首个商业办公配套项目，广州国际生物医药创新中心将为园区内的GE医疗、百济神州、诺诚健华等龙头企业及其上下游企业提供优质商务服务，提升园区品牌价值。

为吸引国内外生物医药人才，中新广州知识城用20亿元打造凤凰谷海归中心项目，围绕生物医药和知识产权产业，引入国际国内顶级智库和健康管理机构，应对公共卫生突发事件，加强国际协同合作，创新打造医药先行先试特区。凤凰谷海归中心背靠中新广州知识城，以生物医疗产业资源为依托，集聚一批业界领军人物，享受中国、新加坡两国政策红利，具有独特的先天优势。凤凰谷海归中心以生物医药与健康产业为主，形成国际领先的“医药特区”，将对国内生物医药行业制定规则、标准起到旗帜作用。

（3）广州科学城

黄埔区推进粤港澳大湾区生物安全创新港、黄埔氢能产业园、穗港科技合作园、高端新材料产业园等新兴产业园区规划建设，全力保障大湾区科创走廊新光谱项目、京广协同创新中心等一系列重大科技创新平台项目选址落地，聚焦提升中心区活力，串联多组团发展，以全球化视野、前瞻性思维、创造性设计，高起点、高标准开展科学城规划建设工作。

粤港澳大湾区生物安全创新港项目位于广州市黄埔区连云路以南、东鹏大道以西，项目一期占地面积3.6万平方米，建筑面积约14万平方米，是全国顶尖的生物安全科技创新产业园区。该项目已于2023年6月全面竣工验收备案，同年7月正式开园。

穗港科技合作园以广州云埔工业区为主体，重点聚焦人工智能、生物医药等领域，引进高水平科研机构合作建设重大科技创新、成果孵化转化、科技金融和人力资源等功能性服务平台，打造若干产业链条完善、辐射带动力强的战略性新兴产业集群。

3. 产业政策

广州作为粤港澳大湾区发展生物医药产业的区域中心和龙头城市之一，拥有国家生物产业基地和国家医药出口基地的叠加优势，生物医药与健康产业被列为广州市构建新兴产业体系的三大产业之一。为将广州打造成为粤港澳大湾区生命科学合作区和生物医药研发中心，广州制定并落地了一系列配套政策和措施，从三个方面推动目标实现。

一是加强国际生物医药领域的交流合作，打造多个国际合作平台。推动本土高校、科研机构牵头发起或参与脑科学与类脑、合成生物学、中医药等国际大科学计划，支持“走出去”共建联合实验室、海外研发中心或科技园等，并在省国际科技合作计划中给予优先资助。

二是在广州开发区搭建跨组织的企业知识产权建设与保护机制，加强对研发专利等知识产权的多元保护。推动粤港澳三地在知识产权的服务融通、仲裁调解、维权合作、金融超市、担保保障、融资租赁、证券融资、行业互动、同等认定等方面的互认互通，共同推动优质企业参与国际竞争。

三是加大政府补贴力度，支持企业研发创新。对生物医药产业集聚区和广州市内的重大生物医药产业项目、生物医药重点企业、取得生物医药研发成果和拓展国际业务的生物医药企业给予政府补助；对获得国家资格认证和研发的新药、改良药，以及获得国外药品认证机构认证的本地生物医药企业给予一次性奖励。

2019—2022年广州生物医药产业相关政策发布情况如表3–7所示。

表3-7　2019—2022年广州生物医药产业相关政策发布情况

序号	政策文件	发布机构	发布时间
1	《广州市黄埔区　广州开发区推进粤港澳知识产权互认互通办法（试行）》	广州市黄埔区人民政府、广州开发区管理委员会	2019年11月
2	《广州市加快生物医药产业发展若干规定（修订）》	广州市人民政府	2020年2月
3	《广州知识城促进生物医药产业高质量发展十条》	广州市黄埔区人民政府、广州开发区管理委员会	2021年3月
4	《荔湾粤港澳大湾区医药健康综合试验区建设总体方案》	广州市推进粤港澳大湾区建设领导小组	2021年4月
5	《广州市科技创新“十四五”规划》	广州市人民政府办公厅	2022年2月
6	《广州市黄埔区　广州开发区加快生物医药产业发展实施意见细则（修订）》	广州市黄埔区科学技术局、广州开发区政策研究室、广州市黄埔区工业和信息化局、广州市黄埔区商务局、广州开发区民营经济和企业服务局、广州开发区金融工作局	2022年3月

2020年发布的《广州市加快生物医药产业发展若干规定（修订）》指出，集中资源促进生物医药产业高端化、规模化、集约化发展，旨在将广州市打造为全国新药创新策源地、全球新药临床试验集聚地、全球生物医药产业新高地。

2021年3月，广州黄埔区、广州开发区推出《广州知识城促进生物医药产业高质量发展十条》（简称“生物医药10条”）。该政策鼓励引进重大项目，对全区生物医药产业发展具有全局带动和重大引领作用的产业项目建设，最高按固定资产投资总额的30%给予支持，单个项目最高5亿元，支持力度全国最大。该政策还提出，大力引进全球生命科学领域研发强、成长好、产出高、带动大的标杆项目，对世界500强、全球制药及医疗器械行业50强、经认定的细分行业龙头企业、行业独角兽等创新能力突出的企业在区内设立的独立法人总部、研发中心，或新入驻的国际知名实验室，给予最高1500万元扶持资金。与此同时，广州黄埔区、广州开发区大力引育龙头型CRO，对重点CRO企业给予最高5000万元的一次性补助，力图有效降低新药研发成本，加快新药创制进程，助推中小微创新企业药物研发模式创新。

2022年4月，《广州市黄埔区 广州开发区 广州高新区促进中医药传承创新发展若干措施》（简称“中医药10条”）正式发布。“中医药10条”重点在推动中医药领域人才高地建设、搭建高端学术交流平台、打造“黄埔杏林”创新谷、鼓励中医药成果产业化、推进生物医药先行先试改革创新、建设中医药智能装备创新高地、鼓励基金投资等方面提出多项突破性政策，集聚全球高端中医药资源，促进中医药传承创新。吸引人才精准化是该政策的一大亮点，其创新性提出中医药领域五类特色人才分类支持政策，单个团队资助金额最高1500万元，吸引各类中医药领域高端人才，特别是中医药交叉融合复合型创新人才到黄埔区创新创业，带领团队在黄埔区企业或研究机构进行技术研发和成果转化，为黄埔区的中医药产业创新发展提供坚实有力的人才支撑。“中医药10条”还提出，推进生物医药先行先试改革创新。2020年8月，广州开发区管理委员会与广东省药品监督管理局签署合作框架协议，创新性推出“省区共同推进生物医药产业发展”新模式。在省区合作背景下，双方共同推进药品审评审批制度改革，省药监局将行政许可事项前移和下沉，大大缩短了企业等候检查的时间。通过共建法定检验检测机构技术支撑平台，让企业“足不出区”就享受到省级法定药品检验机构的优质服务，提供中药活性成分分析、质量标准研究、安全性研究等服务，切实解决企业长期面临的法定检验检测机构距离远、检验检测时间长等问题。

广州正式实施新版医疗服务价格项目目录，让更多创新成果惠及百姓。2021年，广州市贯彻实施新版《广东省基本医疗服务价格项目目录》和《广东省市场调节价医疗服务价格项目目录》，全面清理了医疗机构自行拓展的医疗服务项目，实现医疗服务价格项目统一编码、统一列入目录。实施新版项目目录后，部分医疗服务费用有所降低。由于实施新版项目目录，全面落实“项目内涵”“除外内容”“计价单位”“说明”等价格要素规范，更加适应临床诊疗和价格管理需要，更加明晰医疗服务项目边界，部分医疗服务费用有所降低。实施新版项目目录还使得广州市的医疗服务新技术项目获得推广。新版项目目录中含有213个医疗服务新技术项目，其中由广州转归省目录的约占90%，包括“ECMO安装术”“头颈部高血运肿瘤血管内栓塞术”等高技术水平急需开展且有重要临床诊疗价值的项目。广州实施新版项目目录，对上述213个项目价格统一落地，执行省参考价标准，将加快医疗新技术的临床应用，让创新成果更多惠及百姓。

2022年初，广州市科学技术局聚焦生物医药产业创新补助和基础研究，发布“广州市生物医药产业创新补助（2021年）”项目，通过后补助资助方式支持广州生物医药产业创新发展，分4个类别对生物医药科技创新活动予以政策性补助，包括“新药临床研究补助”“医疗器械产品注册补助”“机构认证补助”“研发及临床试验补助”，拟投入财政支持总额超过2亿元，单个事项最高补助可获得3000万元。该项目有三项“刷新全国之最”：一是破解制度瓶颈，赋予基础研究领域简政放权最大力度；二是优化项目申报遴选机制，构建申报立项最简流程；三是创新评价机制，首创结果导向驱动的验收模式。

4. 投资情况

（1）投资金额及数量

根据清科数据库统计，2021—2022年，广州在生物技术/医疗健康行业发生投资事件135起，投资金额共126.32亿元。其中，2021年投资金额为78.15亿元，同比增长80.15%；2022年共发生投资事件56起，同比下降29.11%，投资金额共48.17亿元，同比下降38.36%（见图3–5）。2021年，广州生物技术/医疗健康行业的投融资环境比较活跃，整体向好，投资事件数量最多和投资金额最高的月份分别是9月和10月。2022年，受国家对创新药审批政策调整、资本市场对生物医药企业预期价值兑现不确定性等的影响，生物医药企业投融资较过去几年更为谨慎且增速放缓，生物医药投融资热度有所下降。

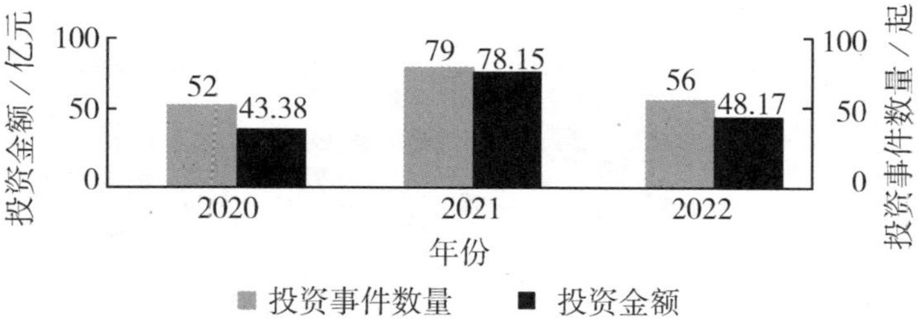

图3–5 2020—2022年广州生物医药产业投资金额及投资事件数

（2）投资阶段

从投资阶段进行分析，广州生物技术/医疗健康行业的投融资主要集中在扩张期。2021—2022年，扩张期的投资事件数量占比为59.3%，投资金额占比为66.1%。这说明广州对生物医药产业的投资相对谨慎，大部分投资者希望可以尽快获得回报，甚至要求提供新药证书、临床批文等，即等到产品成熟、可以投放市场时，风险投资才会介入。广州天使投资等风险投资的机制还不完善。2021—2022年广州生物医药产业投资阶段分布如图3-6所示。

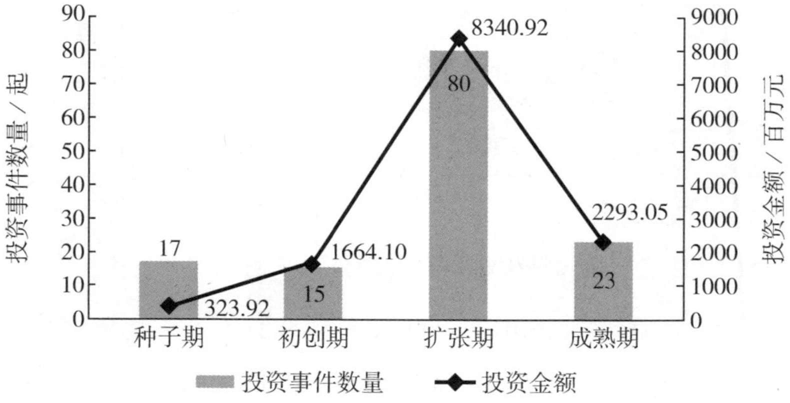

图3-6　2021—2022年广州生物医药产业投资阶段分布

（3）投资机构

从投资机构来看，2021—2022年，对广州生物技术/医疗健康行业投资最多的机构是盈科资本，投资金额约28.29亿元。投资事件数量最多的是丹麓资本和国投（广东）创业投资，均为5起投资事件，但总投资金额较小（见表3-8）。

表3-8　2021—2022年广州生物医药产业主要投资机构及投资情况

投资机构	投资金额/百万元	投资事件数量/起
红杉资本股权投资管理（天津）有限公司	700.00	4
盈科创新资产管理有限公司	2828.84	2
广州丹麓股权投资管理有限公司	190.00	5
广州花城创业投资管理有限公司	1248.75	2

续表

投资机构	投资金额/百万元	投资事件数量/起
国投（广东）创业投资管理有限公司	720.00	5
广州越秀产业投资基金管理股份有限公司	2036.81	3
广州谢诺辰途股权投资管理有限公司	180.00	2
深圳市松禾国际资本管理合伙企业（有限合伙）	16.91	4
广州金控基金管理有限公司	420.00	4
其他不公开的投资者	3599.55	23

（4）投融资案例

2022年7月，广州知易生物科技有限公司（简称“知易生物”）宣布完成了1亿元的B++轮融资，由国投创业、广州开发区基金集团、合利创兴集团等投资完成，资金主要用于加速公司新药管线的临床开发。至此，知易生物在18个月内完成了3亿元的B轮系列融资。知易生物专注于二代益生菌与活菌药物的研究与开发。在知易生物的新药管线中，SK08是国内推进速度最快的活体生物药（LBP），针对腹泻型肠易激综合征的Ⅱ期临床研究已经完成。

2020年9月，广州昂科免疫生物技术有限公司（简称“广州昂科免疫”）完成5600万美元的B轮股权融资，由惠每资本和一家蓝筹投资者领投，现有投资者本草生物创投和凯泰资本，新增投资者GBA基金和广发信德也参与了本轮融资。广州昂科免疫作为美国昂科免疫在中国的研发中心，致力开发创新免疫治疗药物，以治疗严重威胁人类生命和生活质量的疾病如恶性肿瘤、自身免疫性疾病等，产品管线覆盖移植物抗宿主病（GVHD）、代谢综合征、自身免疫性疾病、恶性肿瘤免疫治疗等。

2022年10月，百盛（广州）生物制品有限公司（简称“百盛生物”）

宣布完成千万元Pre-A轮战略融资，由中大创投与阳和投资联合投资。融资资金将主要用于推进病理诊断产品的市场开拓及后续产品管线研发。百盛生物成立于2018年12月，主要提供肿瘤病理诊断全产业链产品和服务，产品囊括从组织形态、免疫组化到分子诊断等完整病理诊断产品线。

2022年10月，普瑞纯证医疗科技（广州）有限公司（简称“普瑞纯证”）宣布完成由君联资本领投，老股东康君资本跟投的超亿元B轮融资。本轮融资所得资金将主要用于海外医疗器械资源的布局、专业人才团队扩充、医疗器械领域的战略拓展及大数据信息化平台的升级迭代。普瑞纯证成立于2020年6月，是一家生命科学服务商，立足于打通全球市场的医疗器械出海全流程信息化，为企业提供咨询服务和海外临床试验等一站式解决方案，业务涵盖器械法规咨询、当地授权代表、产品认证注册等全流程服务。

二、广州生物医药产业链分析

1. 产业链整体情况

生物医药产业链主要包括上游原料药和制药设备，中游疫苗、单抗、血液制品、重组蛋白和诊断试剂等，其他相关产业包括医学实验室和医疗器械等。经过广州生物医药产业链上下游企业的多年深耕，该产业链在全国范围内具备一定的竞争力。具体而言，从广州生物医药产业链上游来看，除了传统的制药设备和原材料行业，近年来在国内兴起的CXO服务领域广州也有所发展。广州不仅拥有中国医药外包公司十强之一的博济医药，还吸引了瑞士制药巨头龙沙进驻。

本地生物医药产业链中游更是广州的优势所在，覆盖了现代中药、化学药、生物药、医疗设备、医疗器械、诊断检测、生物技术等多个赛道，且赛道内不乏国内龙头药企，如广药集团和百济神州。而在产业链下游，阿里健康大药房、大参林等一批优秀企业共同支撑终端流通等细分行业，并与中上游的企业组成了广州生物医药相对完整的产业链（见图3–7）。以因明生物、玻思韬等为代表的一批广州未来独角兽企业，专注于开发原创新药，这些企业规模不大，但研发实力强劲，并且估值惊人。

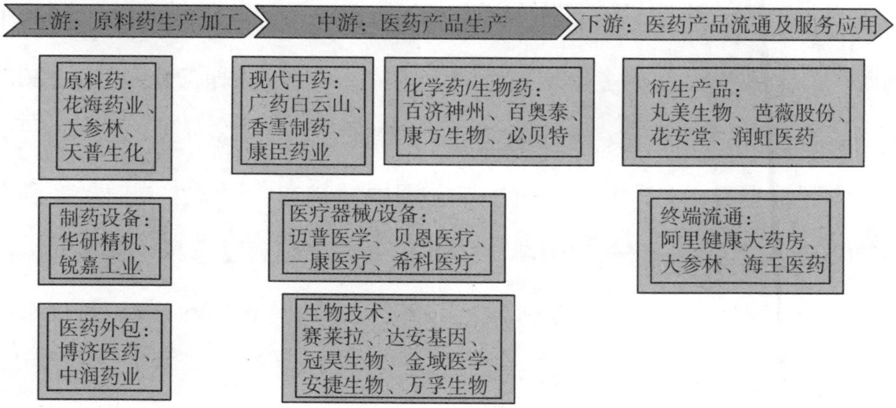

图3-7　广州生物医药产业链主要企业

除了企业众多，分布在上中下游各个环节外，广州的各类公共服务平台也比较完善，以世界科技前沿、国家重大需要、人民生命健康为导向，主要覆盖中医药研发、医药检测及生物信息、细胞治疗与再生医学、药学研究及药物研发、医疗器械创新工程、生物安全技术研发、药物制剂工程、药械临床前研究评价、实验动物资源、临床转化与临床试验、数字医疗交叉融合11个领域。高校、新型研发机构等主要科研平台主要专注于基因药物、新型疫苗、干细胞、再生医学、免疫治疗、高端医疗器械等前沿领域的研发攻关，策源产业创新。技术研发公共服务平台保障了生物医药基础研究的硬件需求，支撑着广州科研力量在前沿创新道路上攻坚克难，为产业提质增效打下坚实基础。2021年，广州基础研究经费支出119.74亿元，同比增长8.9%。值得关注的是，同期基础研究经费支出占全市R&D经费的比例达13.6%，已接近发达国家水平。

（1）制药企业

广州依托较为完善的生物医药产业链，聚集了众多生物医药重点企业。广州生物医药相关企业总数占全国企业数量的2.1%。近年来，广州生物医药企业数量由3800多家增加至6400多家，位居全国前列；2020—2022年，新增了8家上市公司，上市企业数量达到47家。

公开数据显示，广州的医药上市公司中，2023年冠昊生物归母净利润约3100.58万元，同比增长110.07%；博济医药归母净利润为2433.94万元，同比下降12.04%；一品红归母净利润为1.85亿元，同比下降36.49%；百奥泰归母净利润为-40127.96万元，同比减亏。

广州重点制药企业包括冠昊生物、一品红、百奥泰、广药集团等。

冠昊生物。冠昊生物科技股份有限公司（简称“冠昊生物”）创立以来，持续聚焦再生医学和生命健康相关产业领域，已在生物材料、药业、细胞/干细胞以及先进医疗技术、产品业务领域实现广布局。尤其在以生物型硬脑（脊）膜补片为代表的生物材料领域，公司多年保持国内领先地位，在诱导再生功能的新型生物材料及其产品研发领域已成为业内领先的研发中心及产业化示范基地。

公司药业产品本维莫德乳膏于2019年5月获得新药证书，这项全球首创产品填补了皮肤科领域近30年来没有外用创新药的空白，为广大银屑病患者带来了新的希望。GlobalData（国际研究机构）称，银屑病治疗药物市场规模将会从2014年的66亿美元增长到2024年的133亿美元，增幅逾1倍。这一显著增长代表了7.3%的年增长率。本维莫德乳膏已正式纳入国家医保目录并执行，未来随着开院速度的加快及医患学术教育推广活动的进一步加强，药业板块将对公司经营业绩产生积极影响。

在细胞业务方面，2022年上半年，公司细胞技术服务营业收入1725.48万元，同比上升108.79%。公司细胞板块已与多家临床医学中心合作进行相关细胞治疗项目的研发，建立了符合GMP标准的免疫细胞和干细胞制备技术体系、临床前效能/安全性评估体系、临床试验评估体系等；公司干细胞获得中国食品药品检定研究院的质量检定，各项指标均符合要求。2022年上半年细胞板块共获得了3项发明专利授权；在研产品生物人工肝正在进行科技项目临床研究中，不断优化工艺及临床方案，为下一步正式应用于临床打下基础；间充质干细胞在多种疾病治疗中进行前期研究。

一品红。广州一品红制药有限公司（简称“一品红”）是集研发、生产、销售于一体的全产业链型医药创新企业，聚焦于儿童药、慢病药及生物基因疫苗领域。现有儿童药注册批件26个，在研儿童专用药项目18个；现有慢病药注册批件66个，在研慢病药项目29个。

2021年7月，公司控股华南疫苗，战略布局生物基因疫苗领域，拓展产品管线，形成了以“特色儿童药+创新慢病药+生物基因疫苗”为重点的业务发展格局。

2021年，公司自主研发及增资研发投入约6.6亿元，创历史新高，这也为公司日后的持续发展奠定了坚实基础。公司创新研发团队由全球资深科学家领衔，拥有研发人员261人。长期高额研发投入已开花结果，2021年公司新获得13个药品（再）注册批件和2个临床试验批件。公司已累计获得专利114项，有效构建专利墙，助力创新研发。

2021年，一品红布局生物基因疫苗领域，已开发多种人用疫苗产品，在研产品包括四价流感疫苗、HPV疫苗及RSV疫苗等7款产品，核心技术昆虫细胞杆状病毒表达载体系统（BEVS）拥有完全自主知识产权，利用该系统表达的蛋白生物活性好、具有良好的免疫原性和安全性。一品红在加强自主创新的同时，还通过合作研发不断提升综合创新研发能力。例如，抗痛风药AR882和抗肿瘤药AR035，其中AR882定位为慢性痛风的一线用药，临床数据显示，其降尿酸效果优于所有已上市药物，安全性良好，具有全球竞争优势。此外，公司还布局了蛋白降解靶向嵌合体（PROTAC）技术平台、分子胶技术平台和AI创新药物研发平台等多个技术平台，蓄力长期发展。

百奥泰。百奥泰生物制药股份有限公司（简称“百奥泰”）2021年营业收入约8.37亿元，同比增长352.23%，归母净利润达8193.65万元，实现扭亏为盈。百奥泰的普贝希（贝伐珠单抗注射液）于2021年11月获得国家药监局核准签发的药品注册证书，该药用于治疗晚期、转移性或复发性非小细胞肺癌和转移性结直肠癌。普贝希是一款由百奥泰根据国家药监局、美国FDA、欧盟EMA生物类似药相关指导原则研发的贝伐珠单抗注射液。

截至2021年12月31日，公司有2个产品获得上市批准，有23个主要在研产品，其中2个产品已经提交上市申请，2个产品处于Ⅲ期临床研究阶段，2个产品处于Ⅱ期临床研究阶段，9个产品处于Ⅰ期临床研究阶段，并且公司另有多个在研药物处于临床前研究阶段，为日后丰富公司产品管线和业绩的长远增长打下坚实基础。

2021年，百奥泰累计提交专利申请58项；获得专利授权5项，包括1项中国境内授权发明专利、1项美国授权发明专利、1项中国澳门专利、2项中国香港专利；截至2021年12月31日，拥有已授权的境内外专利43项，其中中国境内授权专利24项、美国授权专利9项、澳大利亚授权专利1项、中国香港授权专利4项、中国澳门授权专利5项。

2022年9月23日，百奥泰1类新抗体药物偶联物（ADC）注射用 BAT8007获批临床，用于治疗实体瘤。BAT8007 是百奥泰开发的靶向Nectin-4

（Nectin cell adhesion molecule 4）的ADC。Nectin-4是免疫球蛋白超家族（IgSF）中的细胞黏附分子之一，是一种钙非依赖性细胞黏附分子，通过与钙黏素相互作用参与黏着连接形成和维持。Nectin-4 在正常的胚胎和胎儿组织中含量很高，成年后下降，在健康组织中的分布有限。Nectin-4 在多种肿瘤细胞中过度表达，如尿路上皮癌、乳腺癌、非小细胞肺癌、胰腺癌、食管癌和头颈癌等。肿瘤组织和正常组织中表达水平的差异使得 Nectin-4 成为 ADC 的热门靶点。

BAT8007是百奥泰利用其自主研发的ADC新平台开发的第5个进入临床阶段的ADC，另4款为处于临床Ⅰ期的 BAT8006、BAT8009、BAT8010，以及已获批临床的 BAT8008，分别靶向 FRα、CD276、HER2、TROP2。

广药集团。广州医药集团有限公司（简称“广药集团”）旗下获得中华老字号认证的企业有12家，超过百年历史的有10家。长期以来，广药集团深耕品牌建设，创新性地实施“双品牌”战略，将全国知名品牌“白云山”与旗下老字号品牌相结合，打造了“白云山陈李济”“白云山敬修堂”等品牌，促进品牌、产品迅速打开全国市场。广药集团还积极布局品牌国际化，融入“双循环”新发展格局。白云山奇星的华佗再造丸已连续17年位居全国中成药出口前列，被纳入多个国家的医保目录，是我国以药品身份在全世界注册、出口最多的中成药。王老吉凉茶在全球150多个国家及地区进行商标注册及产品出口。此外，夏桑菊颗粒、蛇胆川贝液、白云山板蓝根颗粒等产品也是广药集团主要出口品种。

广药集团已搭建起涵盖中成药、化学药、原料药和医疗器械等多个领域的科技创新体系，不断提高新药研发水平。广药集团旗下广州白云山医药集团股份有限公司（简称“广药白云山”）发布公告，旗下白云山制药总厂于2022年5月29日收到美国FDA关于同意BYS10片用于治疗RET融合或突变的晚期实体瘤进行临床试验的回应函。BYS10是白云山制药总厂自主研发的选择性RET小分子抑制剂化学药1类新药，制剂规格为25毫克、100毫克，适应证为RET融合或突变的晚期实体瘤。BYS10具备优异的成药性和抗肿瘤活性，该项目致力解决多靶点药物选择性不高、脱靶效应显著和临床耐药等重大科学问题，为患者带来希望。广药白云山此次1类新药BYS10获美国FDA药品临床试验批准，意义重大，强力助推广东高水平科技迈出自立自强的步伐，对提高新药研发水平具有示范性作用。

广药集团旗下白云山脑心清片新适应证、白云山汉方“灵芝提取物抗肿瘤耐药性研究”荣获日本PCT（专利合作条约）国际发明专利授权。此次两项中医药科研创新成果获得国际发明专利授权，体现了广药集团坚持科技自立自强、创新驱动发展的企业理念，也是广药集团积极推动中医药现代化国际化发展的重要成果。白云山脑心清片是广药集团旗下广州白云山和记黄埔中药有限公司独家生产的国家中药保护品种，主要用于冠心病心绞痛、脑动脉硬化、缺血性脑血管病的防治。此前，白云山脑心清片“调肝启枢化浊法防治糖脂代谢紊乱性疾病基础与应用研究”项目还曾获国家科学技术进步奖二等奖，是中医药防治糖脂代谢紊乱性疾病的重大突破。广药集团旗下广州白云山汉方现代药业有限公司开展灵芝提取物抗肿瘤耐药性研究。据介绍，广药集团研发的灵芝提取物无细胞毒性，可以显著增加多药耐药细胞中罗丹明123的积累，其作用强于其他灵芝单体成分；能逆转HepG2/ADM细胞（肝癌耐药细胞）对紫杉醇、长春新碱、多柔比星等抗肿瘤药的耐药，能逆转MCF-7/ADR细胞（人乳腺癌耐药细胞）对紫杉醇、多柔比星等抗肿瘤药的耐药，对P-糖蛋白功能具有抑制作用。

除了以上重点企业外，广州在制药领域还有麓鹏制药、越洋医药、智瓴生物、凌腾生物等新锐企业。

广州麓鹏制药有限公司（简称“麓鹏制药”）专注于设计和开发小分子抗肿瘤新药，其核心优势是开创性的药物设计和专业高效的临床开发。

越洋医药开发（广州）有限公司（简称“越洋医药”）自主开发出多项全球首创的药物缓控释平台及产品，应用自主创新的专有缓控释平台技术，以及通用的缓控释技术开发针对中国市场的2类新药（改良型新药）。

广州智瓴生物医药有限公司（简称“智瓴生物”）专注于实体瘤免疫疗法，依托拥有自主知识产权的两大技术平台，率先完成华南区首个实体瘤浸润淋巴细胞新药ZLT-001的临床试验申报。

广州凌腾生物医药有限公司（简称“凌腾生物”）是处于临床阶段、以研发驱动的生物制药公司，致力开发创新型CD3双特异性抗体药物，将恶性肿瘤转化为可控制、可治愈的疾病。

（2）医疗器械企业

广州重点医疗器械企业包括达安基因、万孚生物等。

达安基因。广州达安基因股份有限公司（简称“达安基因”）专注于荧光定量PCR诊断试剂产品的开发和应用，先后承担了30余项国家及省部级重点攻关项目，研究成果相继获得国家科学技术进步奖和中国专利金奖等各类奖项。基于荧光定量PCR检测技术的项目被列入国家级火炬计划项目、国家863计划、国家重点新产品计划、“十三五”国家科技攻关项目、高技术产业化示范工程项目、高技术产业化专项等。截至2023年，达安基因共申请发明专利300余项。

2022年，国家知识产权局发布关于第二十三届中国专利奖授奖的决定，广州金融控股集团有限公司旗下达安基因专利ZL202010160162.7“新型冠状病毒ORF1ab基因核酸检测试剂盒”荣获本届中国专利金奖。这是达安基因继专利ZL99100669.0“一种荧光定量聚合酶链式反应方法及其试剂盒”获第九届中国专利金奖之后再次获此殊荣。

达安基因专利ZL202010160162.7“新型冠状病毒ORF1ab基因核酸检测试剂盒”采用Taqman荧光PCR技术检测新型冠状病毒N和ORF1ab基因，用于新冠病毒的检测诊断。该试剂盒用于体外定性检测新型冠状病毒感染疑似病例、聚集性病例及其他需要进行新型冠状病毒感染诊断或鉴别诊断者的咽拭子和痰液样本中的新型冠状病毒ORF1ab和N基因，灵敏度为500copies/mL。

万孚生物。广州万孚生物技术股份有限公司（简称“万孚生物”）2021年营业总收入达33.61亿元，较上年同期增长19.57%。2021年万孚生物以仪器技术平台的研发投入为重点，在硬件物料库的优化、软件的整合和复用、结构的标准化和规范化、开发设计流程系统化等方面取得了长足的进步，在新平台、新业务及产品管理等方面也有较多的研发投入。2021年研发费用同比增长39.96%，研发投入的强度与往年相比有所增强。

2021年万孚生物取得授权专利/软件著作权共90件，其中发明专利6件，实用新型60件，外观专利15件，软件著作权9件。截至2021年12月31日，公司共有授权有效专利330件，其中发明专利61件，实用新型专利184件，外观设计85件。

2021年万孚生物完成65项新产品开发，涵盖成熟平台的延伸、新平台的产品线扩展及新冠病毒相关产品的开发。万孚生物在第18届国际检验医学暨输血仪器试剂博览会上重磅发布血栓弹力图仪TLT-101，该产品具有4

条独立通道、多种杯型，可全面监测凝血功能，指导成分输血，评估抗凝药物、溶栓药物疗效。TLT-101与化学发光平台的血栓六项、电化学平台的即时凝血分析仪搭配可针对危急重症疾病提供出凝血问题整体解决方案，满足不同患者的检测需求。

公司耗时3年研发的拥有完全自主知识产权的全自动快速核酸扩增检测系统（U-Box Dx，优博斯）在中国疾病预防控制中心举办的全国第七届病原体核酸检测新技术高级培训班上首次亮相。该系统是真正意义上的样本进、结果出的PCR一体化检测系统，可将检测时间缩短到1小时以内，其首推产品新冠流感三联检和新冠病毒变异株多联检，检测范围可覆盖普通株、英国株、印度株、南非株、巴西株等主要流行的新冠病毒变异毒株，可针对新冠病毒S蛋白主要突变位点进行鉴定，为医院、疾控部门、海关等提供有力的支持。

2021年9月，具有自主知识产权的全自动免疫组化染色机PA3600及二抗系统正式上市，并完成TROP2、c-MET、Pan-TRK、LAG-3、FRα等多种特色一抗的注册备案及交付，公司将进一步扩展病理诊断领域的布局，完善公司布局的“肿瘤标志物—免疫组化—数字化病理—伴随诊断”业务链条，增强为病理科提供一体化解决方案的能力，提升病理检测业务的整体水平。

除了达安基因、万孚生物等重点企业外，广州在医疗器械及检测领域还有华银康集团、金圻睿生物、永士达医疗、嘉检医学等新锐企业。

广州华银康医疗集团股份有限公司（简称“华银康集团”）是国内远程病理学的“先行者”，具有国际影响力的病理诊断中心，在远程病理诊断领域规模位居第一。

广州市金圻睿生物科技有限责任公司（简称“金圻睿生物”）围绕自有品牌基因测序仪，结合自主创新的多重PCR溶解曲线、靶向测序、宏基因组等技术，重点布局肿瘤和感染两个临床应用，为院内开展精准医疗分子诊断提供整体解决方案。

广东永士达医疗科技有限公司（简称“永士达医疗”）是全球管腔道OCT（光学相干断层扫描技术）原创技术掌握者之一，全球最高产品分辨率达10微米，在开放式管腔道OCT领域全球领先，是呼吸道、生殖道、鼻咽道OCT临床应用的领跑者。

广州嘉检医学检测有限公司（简称“嘉检医学”）专注于临床遗传和临床肿瘤诊断的第三方医学实验室，为各级医疗机构提供专业的检测与诊断、会诊及个性化咨询服务，其试验设备及技术水平均达到国际先进水平。

（3）CXO领域企业

博济医药、锐博生物、新济药业等是广州CXO领域的重点企业。

博济医药。博济医药科技股份有限公司（简称“博济医药”）累计为国内外约1500家知名医药企业、医疗器械企业等提供服务，累计为客户提供临床研究服务1100多项，与近700家临床试验服务机构开展合作，通过该企业提供的临床研究服务助力客户获得新药证书约70项，生产批件100余项，医疗器械注册证20余项。

据2021年年报，博济医药当年实现临床研究服务收入近2亿元，同比增长45.88%，在研项目的顺利推进及订单增长的强劲势头是公司业绩维持高增长的主要推手。其中，创新药项目营收占总营收的一半以上。报告期内，公司提供了100多项药物临床研究服务，为客户获得新药证书及生产批件14

项，其中1类新药3个、2类新药4个。2021年成为博济医药成立以来获批成果最多的一年。

在创新药领域转型发展的同时，帮助中国药物走出国门实现国际化的“中美双报”业务也成为博济医药的一大亮点。2021年，博济医药为客户提供国内外新药IND服务约70项，为客户获得境内外IND许可22项。在上述22项许可中，博济医药助力国内药企创新药项目获FDA IND许可达10余项，“中美双报”业务稳步增长。

博济医药正是中药CRO的“先行者”。据相关人士介绍，中药CRO已占据公司整体营收的20%左右，长期以来都是博济医药具备特色竞争优势的业务领域。博济医药每年在研的具有一定规模的重要临床项目维持在20个以上，其中不乏中药1类新药银杏内酯注射液、硝石甘胆颗粒等前景较好的优秀项目。在中药创新药领域，博济医药在2021年助力客户取得了5个中药创新药临床批件。

2021年，博济医药将中药临床、临床前业务整合到全资子公司杏林中医药科技（广州）有限公司，并与南昌、南阳等多地政府开展合作，共建中药创新药产业园区，打造中药创新药一体化服务（CRO+CDMO+孵化器）平台。该平台的建设有望持续提升博济医药在中药领域的研发能力及服务水平，推动中药创新药产业发展，成为中药开发的加速器。

锐博生物。广州市锐博生物科技有限公司（简称“锐博生物”）是亚洲知名的寡核苷酸原料药生产企业之一，专注于核酸药物开发与生产，提供业界领先的一体化核酸药物CRO和CDMO服务。锐博生物服务全球客户，满足其从早期发现到临床研发直至商业化、符合国际标准的寡核苷酸原料药cGMP（动态药品生产管理规范）/GMP生产需求。该企业2012年启动建设国内首条寡核苷酸GMP生产线，2016年获得国家药监局颁发的药物生产许可证，填补了国内空白。锐博生物合作客户包括我国及美国、欧洲、韩国的众多制药公司。该企业现已跻身全球核酸药CDMO知名企业行列。2021年11月由锐博生物、阿格纳生物制药有限公司、中国科学院广州生物医药与健康研究院合作研发的新冠病毒mRNA疫苗获得国家药监局批准开展临床试验，并已建成国内大型mRNA疫苗生产基地，一年可灌装疫苗4亿多剂。

新济药业。广州新济药业科技有限公司（简称“新济药业”）的定位是高端制剂研发服务专家，业务范围包括依托本企业具有自主知识产权或创新的六大特色高端制剂技术平台，为客户提供三大服务：药物制剂研发服务、高端药物制剂研发服务及成果转让。全方位、高质量的仿制药、改良型新药研发服务，涵盖处方前研究、制剂研发、工艺研发、质量研究、稳定性试验研究，中国、美国FDA及欧盟ANDA申报技术支持，以及一致性评价等。新济药业已运营10多年，拥有发明专利40余项，PCT专利2项，关键技术发明专利15项，建立起具备自主知识产权或创新的六大特色高端制剂技术平台；与多所重点高校建立科研联合体，与近20家国内知名制药企业进行合作；已生产40多种高端药物制剂，研发经验丰富，研发实力获得业界一致认可。新济药业核心制剂技术平台有特殊口服缓控释制剂技术平台、难溶性药物增溶技术平台、透皮微针制剂技术及产业化技术平台、吸入制剂技术平台、凝胶药物释放制剂技术平台、微球微囊产业化技术平台。

除了以上重点企业外，广州在CXO领域还有华珍生物、云舟生物、派真生物等新锐企业。

广州华珍生物科技有限公司（简称“华珍生物”）的定位是提供非人灵长类动物（NHP）模型和临床前科研服务（CRO）。业务范围：专注于提供非人灵长类疾病动物模型和临床前药物研发服务；可从中筛选出自发性糖尿病、糖耐量受损、肥胖、高血脂和眼底黄斑病变等与年龄相关的疾病模型供药物研发使用；亦提供药代动力学（PK）及药效学（PD）（含生物药），以及毒理学研究服务。华珍动物养殖场3万多只食蟹猴资源为华珍生物同期服务大量客户或客户大规模动物实验项目提供了保证；华珍生物已建立一套科学流程，从5000余只中老年食蟹猴中筛选出多种特定自发性疾病猴，作为疾病模型用于药物药效研究，可能获得更接近人临床试验药效的结果（同时能够最大化利用宝贵的实验动物资源）；华珍生物与高校、医院合作，对多个原发性及诱导的食蟹猴疾病模型有深入病理学、药效学等研究。华珍生物专注为国内外药物研发公司和科研院所等提供非人灵长类疾病动物模型和临床前科研服务。该企业已建立糖尿病、肥胖、脂肪肝、心衰、骨质疏松、眼底黄斑病变、青光眼等老龄化相关的疾病模型。

云舟生物科技（广州）股份有限公司（简称“云舟生物”）的定位是为基础科研到临床应用提供基因递送的全链条解决方案。业务范围：为全球客户提供全链条基因载体和病毒技术及产品CRO/CDMO服务，以满足从基础科学研究到基因和细胞药物研发、临床试验的多样化、一站式需求。载体家（VectorBuilder）是云舟生物建立的一个全球独创的在线智能载体设计和交易平台。客户按照模块化（搭积木）操作可以在线高效、DIY设计出达到专业水准的个性化基因/病毒载体，快速获得产品。云舟生物已运作10多年，累计向全球科研院校和制药公司提供了超50万个载体、120万个基因递送解决方案。其上千篇成果被*Science*、*Nature*、*Cell*等全球科研期刊广泛引用，在基因药物研究与开发上得到大量应用；云舟生物所有GMP设施均遵循中国、美国、日本、欧盟及PIC/S（药品检查合作计划）的GMP法规和指南进行设计及建设，可以满足临床Ⅰ期/Ⅱ期/Ⅲ期乃至商品化生产的需求。云舟生物提供全链条基因递送服务，包括载体定制、病毒包装、文库构建筛选、稳定细胞株构建、mRNA制备、蛋白生产及CDMO服务等，可满足客户对慢病毒（Lentivirus）、腺病毒（Adenovirus）、腺相关病毒（AAV）、单纯疱疹病毒（HSV）、水疱性口炎病毒（VSV）等不同病毒递送方式的需求，应用范围覆盖整个生命科学和生物医药领域。

广州派真生物技术有限公司（简称“派真生物”）是一家专注于重组腺相关病毒（rAAV）载体包装的CRO & CTDMO（合同检测研发生产组织）科技公司，为细胞与基因治疗（CGT）企业的重组AAV载体药物的早期研发、临床前开发、临床试验及药物审批，提供快速、经济、高质量、规模化的一站式CMC解决方案。派真生物拥有国内规模最大的AAV生产基地，在内毒素纯度、成本降低等方面具有巨大优势。

2. 创新链情况

（1）新药研发

在新药研发方面，广州重点发展领域主要有抗肿瘤药物、靶向药物、现代中药等。

2021年10月，广州必贝特医药股份有限公司的1类新药BEBT-209胶囊再次获批临床，适应证为三阴性乳腺癌。对标辉瑞帕博西尼，BEBT-209有望成为Best-in-class CDK4/6抑制剂，是乳腺癌治疗的一类重要靶向药物。

由中国科学院广州生物医药与健康研究院自主研发的1类新药奥雷巴替尼片再获殊荣，被纳入《中国临床肿瘤学会（CSCO）恶性血液病诊疗指南2022》，并入选《中国2021年度重要医学进展》，这充分显示了业界及临床对该产品的原创性与临床价值的认可。奥雷巴替尼是该机构成立以来第一个获批上市的1类新药，也是中国首个且唯一获批上市的第三代BCR-ABL抑制剂，填补了国内临床空白，并在全球层面有潜在同类最佳优势。该药物的正式上市打破了伴T315I突变的耐药慢性髓细胞性白血病（CML）患者此前无药可医的生存困境，具有重大的社会和临床价值。

（2）高端医疗器械

在医疗器械方面，广州重点发展领域包括高端医疗影像和诊断、微创植（介）入器械、精密治疗和康复设备、体外检测等。

广州迈普再生医学科技股份有限公司（简称“迈普医学”）在基于生物增材制造技术（即“生物3D打印”）的植入医疗器械新赛道将原始创新成果产业化，曾获得欧盟CE认证、中国专利银奖等。迈普医学布局神经外科产品线，历经8年研发出可吸收再生氧化纤维素止血产品。国家药监局专门组织专家对这款创新产品进行审评，并确定相关标准，为产品和将来国产同类产品入市确定了规则。经过10多年的不懈努力，该企业不仅研发出人工硬脑（脊）膜补片、颅颌面修补系统等植入医疗器械产品，还开发出多个先进制造技术平台，向口腔科、普通外科、大止血等领域拓展。

广州和普乐健康科技有限公司是以呼吸支持为技术手段、专注于睡眠与呼吸健康领域的垂直企业。企业主要产品有用于无创通气治疗的呼吸机、用于高流量氧疗的呼吸湿化治疗仪，以及配套的面罩、管路等耗材。各系列产品行销全球数十个国家和地区，是呼吸支持领域的领军企业。已获授权呼吸机相关发明专利等知识产权109项。在噪声控制、呼吸事件智能识别和呼吸节律实时跟随等呼吸机关键技术方面达到世界先进乃至领先水平，产品陆续通过欧盟CE、美国FDA/EUA等多项国际认证。

（3）新型健康服务

在新型健康服务方面，广州重点发展领域包括精准医疗、智慧医疗、基因检测、个体化治疗等。《广州市战略性新兴产业发展“十四五”规划》提出，在医学检验领域积极支持实验室自建检测方法（LDT）试点，鼓励开发“整合式”平台技术，研发高端检验检测一体化设备，攻克仪器的稳定性、可靠性、微型化和智能化等关键技术。文件指出，广州将积极支持LDT试点，有条件允许LDT项目服务于临床推广；推动各级临床医学研究中心和生物样本库建设；探索建立医学检验诊断数据质量控制体系与标准；鼓励医检业务外包，将第三方医学检验作为公立医疗机构的补充；支持检验检测产品纳入医保目录。

LDT模式下涉及的试剂、软件大多属于医疗器械，根据中国对医疗器械一贯的监管要求，医疗器械均需经过国家药监局注册或备案后方可使用，未经备案或注册的医疗器械理论上不得销售，医疗机构也不得使用。广州市已拥有第三方医学检验的龙头机构金域医学、达安基因等，2020年广州市共有体外诊断试剂生产企业249家，全国排名第一；广州市生物产业联盟的数据显示，广州市共有46家医疗器械临床试验机构、40家药物临床试验机构，为LDT的试点服务于临床提供可能。

3. 资本链情况

根据清科数据库统计，2022年广州生物技术/医疗健康行业发生投资事件56起，投资总额48.17亿元。为完善广州生物医药产业图谱，广州产投集团已完成10余项生物医药项目直接投资（见表3–9），总投资额超5.6亿元。已投项目覆盖了生物医药行业的主要投资方向，并在早、中、后期阶段项目均衡布局，为广州产投集团积累了较强的产业投资能力及产业链基础。未来广州产投集团在生物医药资本链布局将重点投资技术创新型的高科技企业，关注投资标的技术的可延展性及平台属性，与产投体系内的孵化和服务平台及已投项目形成良好互动，推动产学研医的全链条打通。在投后阶段，广州产投集团依托自身资源，继续为被投企业提供全方位服务，包括人才落地、载体入驻、科技金融服务等，打造一流科创服务，孵化一流科技企业。

表3-9　广州产投集团直接投资的生物医药项目

项目名称	细分行业	投资金额/万元	项目简介
瑞通生物	口腔器械	730	国内舌侧正畸及口腔3D打印领军企业
欧欧医疗	口腔器械	203	高端口腔正畸器械企业
觉心医疗（广州）	手术机器人	10	—
全景医学	医学服务	1000	全国高端医学影像服务第一品牌
上海埃提斯	体外诊断	1000	国内肿瘤分子诊断第一梯队企业
璃道医药	创新药及生物技术	200	中国科学院上海药物研究所孵化企业，千人团队
恒诺康医药	创新药及生物技术	1200	海归华人药物科学家，千人团队
威溶特医药	创新药及生物技术	600	园区孵化企业，抗肿瘤创新药
进德生物	体外诊断	300	慢性疾病诊断企业，连续成功创业
雷德生物	体外诊断	530	海归科学家，前沿技术赋能传染病检测
瑞泰生物	高值耗材	500	国内唯一生物活性眼角膜修复耗材生产企业，无竞争对手
云舟生物	CXO	4000	全球顶尖基因递送CRO企业，广州首家生物医药独角兽企业

续表

项目名称	细分行业	投资金额/万元	项目简介
诺诚生物	疫苗	26805	完善狂犬疫苗产销体系
朗圣药业	化学制剂	1500	围绕生殖健康领域布局，细分赛道隐形冠军
海鲸药业	化学制剂	1000	国内维生素行业龙头企业
赛普特医药	创新药及生物技术	500	—
来恩生物	创新药及生物技术	16000	全球前沿免疫治疗技术，跨国“以投促引”项目

4. 人才链情况

截至2022年上半年，广州集聚了生物医药领域5名诺贝尔奖获得者、23位院士、229位国家重大人才工程入选者等具有全球视野和国际水平的科学家、企业家，新引进数十个战略科学家和高层次人才项目，创新创业活力不断激发。

2022年广州生物医药领域有46位学者进入了爱思唯尔（Elsevier）2022“中国高被引学者”榜单，他们来自中山大学、南方医科大学、广州医科大学、广东省人民医院、华南理工大学、暨南大学这6个单位，覆盖了公共卫生与预防医学、护理学、基础医学、临床医学、生物医学工程、药学等多个学科领域。

名医不仅代表医院的诊疗水平，也是大众的疑难病求医指南。2018年的《岭南名医录》，广东省共2000名专家入选，广州占1282人，贡献全省64%的名医资源，这是广州医疗实力最直观的彰显，也是城市安全感的力量之源。广州在医学界的领军人物除了钟南山（呼吸医学）、钟世镇（基础医学）、姚开泰（肿瘤医学）、曾益新（肿瘤医学）等资深院士外，近些年又有几位杰出才俊脱颖而出，包括南方医科大学南方医院的侯凡凡（慢性肾脏病）、中山大学中山医学院的宋尔卫（肿瘤免疫）等。

钟南山，广州医科大学附属第一医院国家呼吸系统疾病临床医学研究中心主任，中国工程院院士，中国医学科学院学部委员，中国抗击非典型肺炎、新冠肺炎疫情的领军人物，曾任广州医学院（现广州医科大学）党委书记、院长及第一附属医院院长，中华医学会会长，呼吸疾病国家重点实验室主任、国家卫生健康委员会高级别专家组组长。钟南山长期致力重大呼吸道传染病及慢性呼吸系统疾病的研究、预防与治疗，成果丰硕，成绩突出。2020年8月11日，习近平签署主席令，授予钟南山“共和国勋章”；9月3日，钟南山入选世界卫生组织新冠肺炎疫情应对评估专家组成员名单；9月4日，入选2020年“全国教书育人楷模”名单；11月3日，钟南山被授予2020年度何梁何利基金“科学与技术成就奖”。2021年11月，以钟南山、何建行和冉丕鑫为带头人的钟南山呼吸疾病防控创新团队获得2020年度国家科学技术进步奖创新团队殊荣。2021年12月，钟南山入选“2021中国品牌人物500强”榜单，排名第二。

钟世镇，临床解剖学专家，中国现代临床解剖学奠基人，中国数字人和数字医学研究倡导者。1985年晋升为南方医科大学教授，编著国际第一部《显微外科解剖学》。1997年当选为中国工程院院士。2000年出版“现代临床解剖学丛书”。2002年担任数字化虚拟人系列研究课题组负责人。现为中国工程院资深院士。

姚开泰，病理生理学家，中国科学院学部委员，南方医科大学肿瘤研究所教授、博士生导师。姚开泰是中国著名的肿瘤病理生理学家，是中国鼻咽癌研究的奠基者。1998年，姚开泰从长沙来到广州第一军医大学（现南方医科大学）任教。2018年，当选为中国医学科学院学部委员。截至2020年10月，姚开泰先后承担了国家“六五”“七五”“八五”攻关课题，以及10余项国家自然科学基金课题、美国中华医学基金会（CMB）科研项目。

侯凡凡，中国科学院院士、发展中国家科学院院士，南方医科大学肾脏病研究所所长、内科学系教授、南方医院肾内科主任，国家肾脏病临床医学研究中心主任，器官衰竭防治国家重点实验室主任。侯凡凡主要从事慢性肾脏病防治研究，她系统研究慢性肾脏病及其并发症的防治，首次证实血管紧张素转换酶抑制剂降低晚期慢性肾脏病发展至终末期肾衰竭的危险性，发现了蛋白质氧化产物等促进肾脏病变进展和心血管并发症的新致病分子。1999年，侯凡凡担任解放军肾脏病研究所（现南方医科大学肾脏病研究所）所长。2009年12月，侯凡凡当选为中国科学院院士。2012年，侯凡凡当选中国共产党第十八次全国代表大会代表，同年当选发展中国家科学院院士。

宋尔卫，1970年4月出生于广州市，临床肿瘤学家，主要从事RNA干扰在疾病治疗的应用价值研究，是中国科学院院士，中山大学医学部主任，中山大学孙逸仙纪念医院院长、教授、主任医师、研究员、博士生导师，以及乳腺肿瘤医学部学术带头人。2013年，宋尔卫入选国家首批中青年科技创新领军人才，2017年担任中山大学中山医学院院长，2019年11月当选为中国科学院院士。

除了本土培养的院士外，广州还吸引了徐涛、贺福初、张伯礼、金力、赵宇亮、叶甜春、王晓东、施一公等领军人才，他们领衔共建一批高水平新型研发机构，共同搭建广州团队，建设打造广州生物医药产业。

徐涛，细胞生物物理学家，2000年从美国回国，2017年当选为中国科学院院士，2019年担任广州再生医学与健康广东省实验室（现生物岛实验室）主任，2022年担任广州医科大学生物医学工程学院院长。

贺福初，主要从事蛋白质组学、精准医学和系统生物学研究。1982年从复旦大学毕业，2001年当选为中国科学院院士，2004年创立了复旦大学生物医学研究院。

张伯礼，中医内科专家，1982年毕业于天津中医学院，2005年当选为中国工程院院士，2019年获得全国中医药杰出贡献奖，2022年在广东省新黄埔中医药联合创新研究院牵头启动“中医药阻抑新冠肺炎传播的临床和基础研究专项”。

王晓东，中国科学院外籍院士，美国国家科学院院士，北京生命科学研究所所长，百济神州（北京）生物科技有限公司（简称“百济神州”）创始人。2017年，百济神州与广州开发区合作，建设生物药生产基地，主要生产大分子单克隆抗体类抗癌药。

施一公，结构生物学家，中国科学院院士、美国国家科学院外籍院士，北京诺诚健华医药科技有限公司创始人之一。2018年广州诺诚健华医药科技有限公司成立，其生产的BTK抑制剂奥布替尼是具备全球竞争力的抗肿瘤1类新药。

三、广州生物医药产业创新进展

1. 创新药物开发与应用

在研新药方面，国家药监局数据显示，广州2023年全年新药申请获CDE受理各类新药共65个品种，同比增长20.4%；受理数量共119件，同比增长30.8%（见图3-8）。在119件新药申请受理中，98件是IND申请。

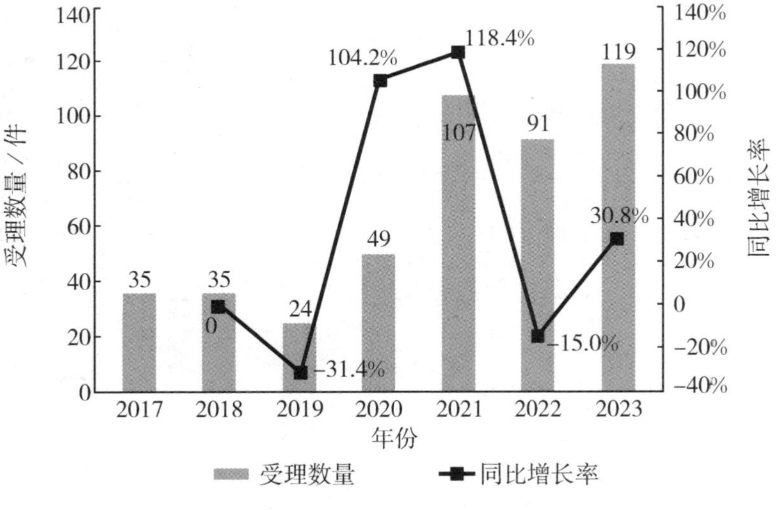

图3-8　2017—2023年广州获CDE新药申请受理情况

2021—2022年，广州新药申请数量最多的企业是广州百济神州生物制药有限公司，有22件新药注册申请，均为治疗用生物制品；排名第二的是广州必贝特医药股份有限公司，有18件新药注册申请，均为化学药1类新药临床试验申请；排名第三的是越洋医药开发（广州）有限公司，有15件新药注册申请，均为化学药2类新药临床试验申请（见图3–9）。

2021—2022年，广州的新药上市申请有19件，包括广州百济神州生物制药有限公司与百济神州（上海）生物科技有限公司、勃林格殷格翰生物药业（中国）有限公司合作研发的替雷利珠单抗注射液，以及百奥泰生物制药股份有限公司的托珠单抗注射液、广州一品红制药有限公司的苯甲酸氨氯地平干混悬剂、广州诺诚健华医药科技有限公司的奥布替尼片、广州顺健生物医药科技有限公司的奥雷巴替尼片等。

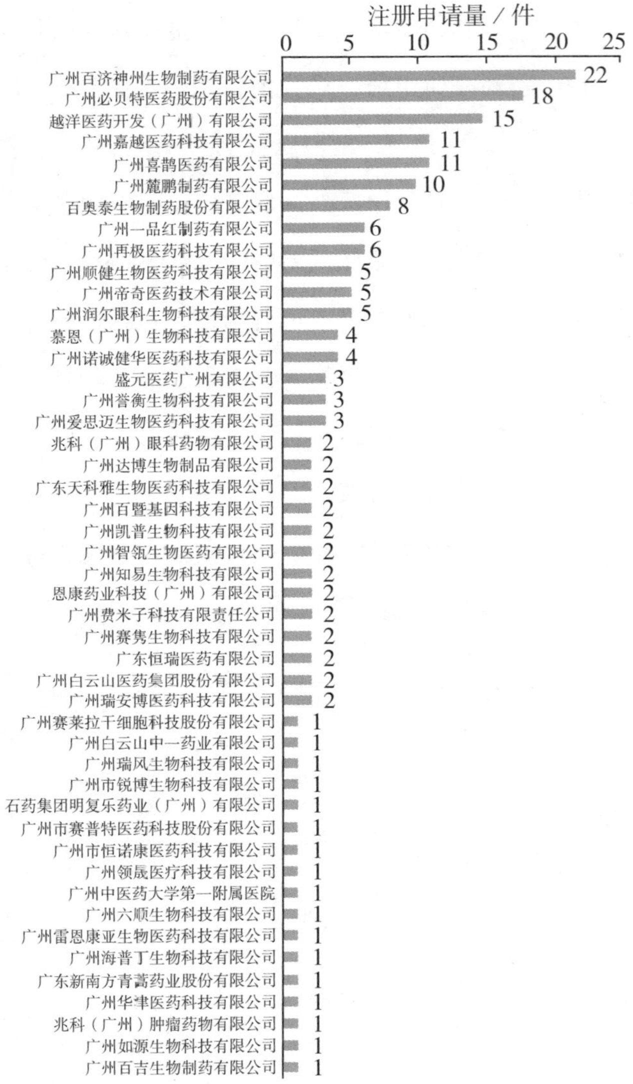

图3-9　2021—2022年广州药企新药注册申请情况

2. 生物医学工程进展

2023年广州Ⅲ类医疗器械获批产品共65件，同比增长22.64%，其中体外诊断试剂占57%，依然是广州Ⅲ类医疗器械的主力军。2022年获得注册的体外诊断试剂医疗器械占Ⅲ类医疗器械的51%，排名第一；排名第二的是输血、透析和体外循环器械，占比为13%；排名第三的是临床检验器械，占比为11%（见图3-10）。

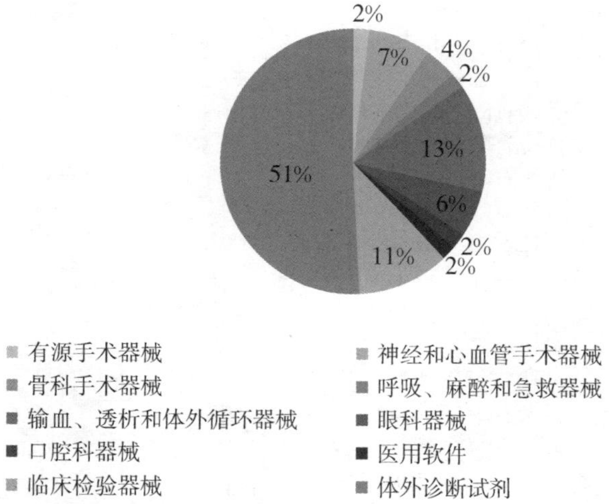

图3-10　2022年广州Ⅲ类医疗器械获批产品类型结构

从医疗器械企业角度看，2022年国产Ⅲ类医疗器械产品获得国家药监局批准注册最多的广州企业是广州达安基因股份有限公司，共有8个产品获得批准注册；其次是广州市康润生物科技有限公司，共有7个产品获得批准注册；再次是广州易介医疗科技有限公司和贝恩医疗设备（广州）有限公司，各有4个产品获得批准注册（见图3-11）。其中，达安基因和康润生物的主要医疗器械产品都是体外诊断试剂，易介医疗的主要产品是神经和心血管手术器械，贝恩医疗设备的主要产品是输血、透析和体外循环器械。

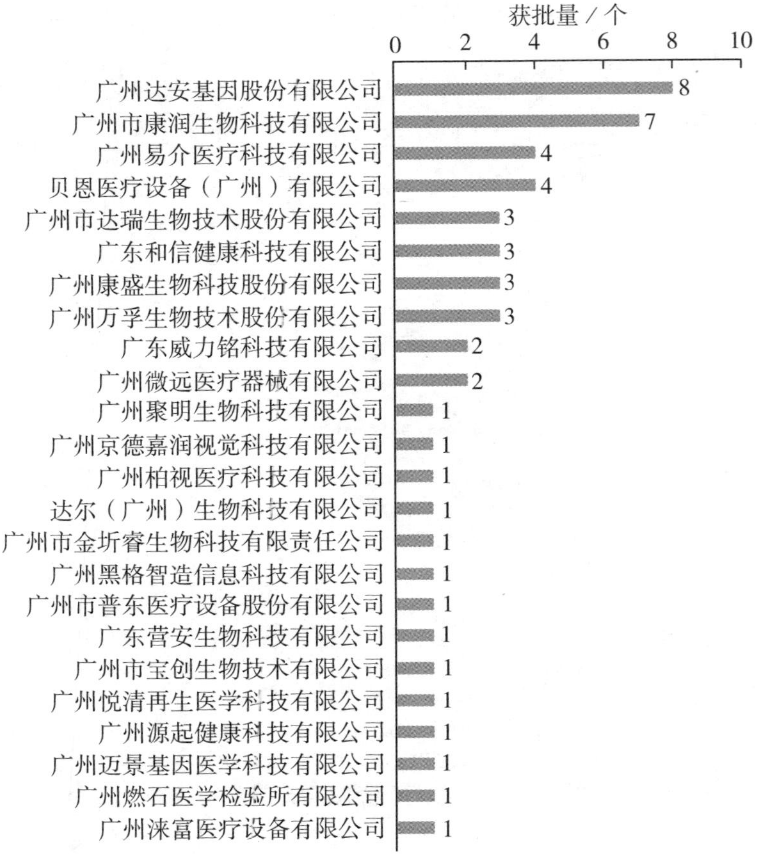

图3-11　2022年广州医疗器械企业Ⅲ类医疗器械产品获批情况

3. 生物技术研发进展

（1）培育世界首例人类永久性新生儿糖尿病犬模型

糖尿病是继心血管疾病及肿瘤后的第三大严重危害人类健康的全球性慢性疾病。相关数据显示，截至2023年，全球糖尿病患者超过5亿，中国糖尿病患者超过1亿。其中，部分病例发生于新生儿时期，这是由与分泌胰岛素的β细胞功能相关的基因突变导致的遗传性糖尿病。

中国科学院广州生物医药与健康研究院与北京希诺谷生物科技有限公司合作，利用单碱基编辑器对葡萄糖激酶进行点突变，成功培育出世界首例人类永久性新生儿糖尿病犬模型，相关研究于2021年发表于*Cell Discovery*杂志。该研究首次对犬GCK基因进行点突变，利用基因编辑犬准确模拟人类该疾病的动物模型对疾病的发生机制进行研究并开发新的治疗手段，将为研究人类新生儿糖尿病的发生机制和开发新的治疗方法（如药物治疗、干细胞治疗和基因治疗等）提供理想的动物模型。

（2）发现血脂稳态调控新机制，确证降脂药物新靶点

高血脂、高血糖相关的糖尿病和心脑血管疾病严重威胁全球人群的生命健康，究其根源是糖脂代谢紊乱，早期表现为脂肪肝、高血糖和高血脂。国际上普遍使用的降血脂药物是他汀类药物，但该类药物仍有局限性，急需寻找新的降血脂策略和新的药物靶点。

中国科学院广州生物医药与健康研究院发现血脂稳态调控新机制，利用一种肝细胞膜上的特有蛋白质，去唾液酸糖蛋白受体1（ASGR1），通过胰岛素诱导基因1的编码蛋白（INSIG1），量化调控固醇调节元件结合蛋白（SREBPs）的胞内运输和活化，动态维持甘油三酯和胆固醇在血液中的水平，揭示ASGR1-INSIG1-SREBPs信号传递轴对血脂稳态的调控机制，为降血脂药物的研发提供了理论基础和新的药物靶点。研究成果于2021年发表于*JCI Insight*（《临床研究杂志》子刊《机理解析》）杂志上。

（3）发现调控多能性细胞-体细胞转变新机制

多能性状态的退出或多能性细胞-体细胞转变是哺乳动物胚胎发育过程

中的重要事件，也是细胞命运决定研究的热点领域。越来越多的证据表明该过程被高度调控，而非一个被动事件，但其背后的分子机制还存在大量未知处。

中国科学院广州生物医药与健康研究院与西湖大学裴端卿课题组合作研究，发现了染色质重塑复合物BAFs的亚基SS18通过本身的相分离性质显著调控胚胎干细胞多能性细胞–体细胞转变这一过程，揭示了相分离性质在染色质重塑复合物装配过程中的重要作用，丰富了人们对细胞命运转变在不同层级上进行调控的认识，对于深入研究BAFs复合物在发育、细胞命运转变及肿瘤发生发展中的作用都具有借鉴意义。该研究于2021年在线发表在《自然·通讯》（*Nature Communications*）杂志上。

（4）建立提高中晚期鼻咽癌疗效的高效低毒治疗新标准

鼻咽癌是“中国特色”肿瘤，我国年新发病例占全球一半。放疗后的全身微小残留肿瘤是其治疗失败的根源，而由于放疗后患者身体状况差，难以耐受既往高强度的传统化疗（完成率仅为40%～50%），成为制约疗效提高的因素。

中山大学肿瘤防治中心马骏教授研究团队提出了小剂量、长时间口服细胞毒性药物卡培他滨的节拍化疗模式，其可通过抗血管生成、杀伤肿瘤干细胞等机制持续抑制肿瘤生长，同时提高机体耐受性。马骏教授研究团队通过牵头一项多中心、前瞻性临床研究发现，在放疗后使用卡培他滨节拍化疗可使失败风险降低45%，且严重毒副作用发生率降低了60%，完成率达74%。同时，卡培他滨口服用药方便可及，易于向基层推广。由此，该研究打破了传统化疗的疗效瓶颈，建立了国际领先、高效低毒且简单易行的鼻咽癌治疗新标准。该成果被评为2021年度“中国生命科学十大进展”之一。

（5）提升CAR-T细胞抗异质性肿瘤活性

CAR-T细胞在治疗血液肿瘤方面取得重大突破，但是对实体瘤的疗效却不佳，实体瘤的异质性是阻碍CAR-T细胞治疗实体瘤的一大障碍。为减少CAR-T治疗中肿瘤异质性导致的免疫逃逸和肿瘤复发，亟须改进和优化CAR分子对不同抗原的广谱识别功能。

暨南大学李扬秋课题组与中国科学院广州生物医药与健康研究院李鹏课题组合作，设计了一种串联DAP10的嵌合分子，实验表明该嵌合分子可利用T细胞上的天然NKG2D受体靶向表达NKG2D配体的肿瘤细胞；之后将其与抗GPC3单链可变片段（ScFv）串联，构建双靶点嵌合抗原体系，发现表达串联GPC3-DAP10嵌合受体的T细胞发挥出双抗原靶向作用，在体内外可明显抑制异质性肿瘤细胞生长。通过在传统CAR分子内引入DAP10分子调动内源NKG2D的广谱抗原识别功能，提升CAR-T细胞对异质性肿瘤的靶向能力。

（6）新冠病毒感染者抗体组库研究取得进展

广州呼吸健康研究院与呼吸疾病全国重点实验室、生物岛实验室等团队合作，基于抗体组库测序和生物信息学的分析，在转录水平发现了新冠病毒感染者抗体反应特征，揭示了B细胞介导的新冠病毒感染后体液免疫应答机制。

研究人员对多名新冠病毒感染者发病后多个时间点的抗体组库（BCR, B细胞受体）进行测序，获得近1亿条BCR序列和400多万个独特的抗体克隆序列。通过比较新冠病毒感染者不同时期的抗体组库序列，并与健康人参照组对比，发现感染一周内IgA的表达量瞬时增加，感染第二周时大量B细胞发生克隆增殖，出现了大量表达低突变率IgG的B细胞，抗体类别转换为IgG并持续表达3个月以上。抗体组库中这种低突变率IgG的比例与血清中刺突蛋白特异性IgG的滴度高度相关，表明机体可迅速激活天然B细胞以应对新冠病毒感染。这阐释了新冠病毒感染者抗体组库的动态变化特征，揭示了血清抗体变化与抗体组库变化的相关性，此方法可应用于疫苗评估、生物计算快速获得治疗性抗体等研究领域，为新发突发传染病疫苗和抗体药物研发提供新的思路。

4. 专利申请情况

根据生物医药领域的分类及技术特点，利用奥凯壹专利系统提供的国民经济分类号检索，其中医药制造业的国民经济分类号为C27、医疗仪器及器械制造为C358、医学研究和试验发展为M734、卫生为Q84。采用的检索式为：申请人地址=（广州市）and 国民经济分类=（C27 or C358 or M734 or Q84）and 申请日＞=（2018.01.01）and 申请日＜=（2023.12.31）。数据源选择国内专利，通过人工去重降噪后，共检索到专利99090件。其中发明专利51295件、实用新型专利41657件、外观设计专利6138件。2018—2023年广州生物医药领域专利数量情况如图3-12所示。

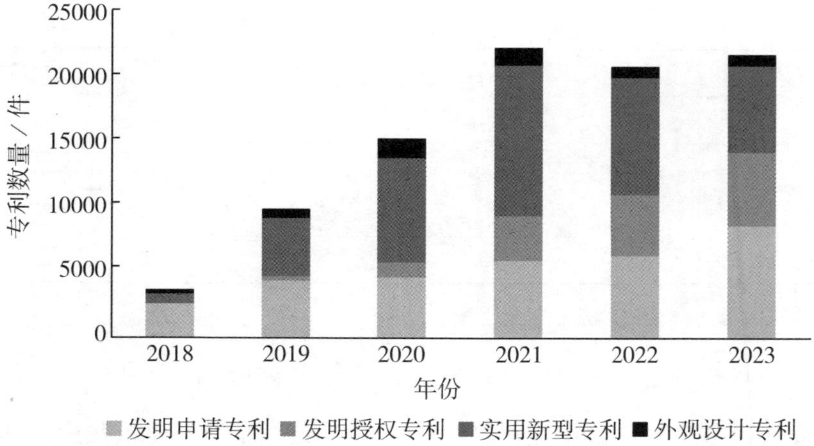

图3-12　2018—2023年广州生物医药领域专利数量情况

数据来源：壹专利检索分析数据库。

从专利申请机构的角度看，专利数量前10位的专利申请机构都是高校和医院，其中专利数量排前5位的分别是华南理工大学、中山大学、华南农业大学、南方医科大学南方医院和暨南大学。专利数量前10位的申请机构中有3家医院，分别是第4位的南方医科大学南方医院，第7位的中山大学孙逸仙纪念医院，第9位的中山大学附属第一医院（见表3-10）。

表3-10　广州生物医药专利申请机构及数量情况

排名	申请机构	专利数量/件
1	华南理工大学	2645
2	中山大学	2239
3	华南农业大学	1948
4	南方医科大学南方医院	1529
5	暨南大学	1422
6	广东工业大学	1412

续表

排名	申请机构	专利数量/件
7	中山大学孙逸仙纪念医院	788
8	华南师范大学	663
9	中山大学附属第一医院	633
10	南方医科大学	612

数据来源：壹专利检索分析数据库。

从申请机构合作的角度分析，合作专利数量排前10位的专利申请机构主要是高校和医院。合作专利数量排前5位的分别是华南理工大学、中山大学、华南农业大学、广东省科学院微生物研究所及暨南大学。合作专利数量排前10位的申请机构有5所高校、3家医院、1家研究所及1家企业。华南理工大学和中山大学的合作专利数量均超过300件，华南农业大学的合作专利数量超过200件，其他申请机构的合作专利数量在80～130件。

从细分领域来看，根据IPC小类专利数量前10位分析，排在第1位的专利领域是G01N，内容是借助测定材料的化学或物理性质来测试或分析材料。排第2位、第3位、第4位的专利领域分别是A61B（诊断；外科；鉴定）、A61K（医用、牙科用或化妆用的配制品）、A61M（将介质输入人体内或输到人体上的器械；为转移人体介质或为从人体内取出介质的器械；用于产生或结束睡眠或昏迷的器械）。排第5位的专利领域是C12N（微生物或酶；其组合物；繁殖、保藏或维持微生物；变异或遗传工程；培养基）（见表3-11）。

表3-11　广州生物医药专利领域分布情况

排名	技术领域	描述	专利数量/件
1	G01N	借助测定材料的化学或物理性质来测试或分析材料（除免疫测定法以外包括酶或微生物的测量或试验入C12M、C12Q）	17855
2	A61B	诊断；外科；鉴定（分析生物材料入G01N，如G01N33/48）	7400
3	A61K	医用、牙科用或化妆用的配制品（专门适用于将药品制成特殊的物理或服用形式的装置或方法入A61J3/00；空气除臭，消毒或灭菌，或者绷带、敷料、吸收垫或外科用品的化学方面，或材料的使用入A61L；肥皂组合物入C11D）	7147
4	A61M	将介质输入人体内或输到人体上的器械（将介质输入动物体内或输到动物体上的器械入A61D7/00；用于插入棉塞的装置入A61F13/26；喂饲食物或口服药物用的器具入A61J；用于收集、贮存或输注血液或医用液体的容器入A61J1/05）；为转移人体介质或为从人体内取出介质的器械（外科用的入A61B，外科用品的化学方面入A61L；将磁性元件放入体内进行磁疗的入A61N2/10）；用于产生或结束睡眠或昏迷的器械	4412
5	C12N	微生物或酶；其组合物；繁殖、保藏或维持微生物；变异或遗传工程；培养基（微生物学的试验介质入C12Q1/00）	3862
6	A61F	可植入血管内的滤器；假体；为人体管状结构提供开口或防止其塌陷的装置，如支架；整形外科、护理或避孕装置；热敷；眼或耳的治疗或保护；绷带、敷料或吸收垫；急救箱（假牙入A61C）	3177
7	C12Q	包含酶、核酸或微生物的测定或检验方法（免疫检测入G01N33/53）；其所用的组合物或试纸；这种组合物的制备方法；在微生物学方法或酶学方法中的条件反应控制	2615

续表

排名	技术领域	描述	专利数量/件
8	A61L	材料或消毒的一般方法或装置；空气的灭菌、消毒或除臭；绷带、敷料、吸收垫或外科用品的化学方面；绷带、敷料、吸收垫或外科用品的材料（以所用药剂为特征的机体保存与灭菌入A01N；食物或食品的保存，如灭菌入A23；医药、牙科或梳妆用的配制品入A61K）	2584
9	A61H	理疗装置，如用于寻找或刺激体内反射点的装置；人工呼吸；按摩；用于特殊治疗或保健目的或人体特殊部位的洗浴装置（电疗法、磁疗法、放射疗法、超声疗法入A61N）	2576
10	A61G	专门适用于病人或残疾人的运输工具、专用运输工具或起居设施（辅助病人或残疾人步行的器具入A61H3/00）；手术台或手术椅子；牙科椅子；丧葬用具（尸体防腐剂入A01N1/00）	2346

数据来源：壹专利检索分析数据库。

5. 创新平台建设进展

（1）广州生物岛实验室

广州生物岛实验室位于广州国际生物岛，成立于2017年12月，是广东省以培育创建国家实验室，打造国家实验室“预备队”为目标，首批启动建设的四家省级实验室之一。2021年12月15日，生物岛实验室入选全国科技系统抗击新冠肺炎疫情先进集体拟表彰公示名单。生物岛实验室主要布局了再生医学前沿基础研究、临床创新研究、生物信息、生物安全及高端生物医疗器械耗材研发五大科研方向，构建了人类细胞谱系大科学研究设施、国家生物信息中心节点、大动物模型研究中心等九大科研平台。

神经代谢与再生研究中心（CNMR）是生物岛实验室下设的专业研究中

心之一，位于生物岛实验室科学城园区，专注于神经代谢类疾病的转化研究。CNMR的研究领域涵盖了代谢性疾病及其并发症、神经退化等多种神经系统疾病，重点研究其病理生理学特点，旨在通过动物模型、干细胞及其衍生细胞模型等来探索神经代谢类疾病的基础机制及干预手段，促进对神经代谢类疾病的突破理解，以及干细胞在代谢紊乱上的应用，从而建成被国内外广泛认可且具有较高学术地位的创新研发中心及转化平台，助力人类神经代谢健康。

马普组织干细胞与再生医学研究中心是生物岛实验室与德国马普学会搭建的广州中心，该中心以组织干细胞、细胞转分化及器官再生等为主要研究方向，运用分子生物学、细胞生物学、生物信息学等多学科技术手段，结合小鼠、斑马鱼和类器官等模型，围绕消化系统干细胞、骨骼肌干细胞、干细胞与神经发育、造血干细胞、干细胞与血管再生等领域的相关机制与疾病进行研究。2021年正式迁入生物岛实验室科学城园区。2021年，马普组织干细胞与再生医学研究中心提出早期胚胎三胚层细胞谱系分化新理论，揭示人不同肠段功能差异等多项科研项目取得进展。

（2）广州国家实验室

2021年钟南山院士领衔的广州国家实验室在广州国际生物岛揭牌，是全国9个国家实验室中唯一一个生物医药领域的实验室，聚焦再生医学前沿研究、组织器官重塑研究等学科方向，建成国际领先水平的临床研究基地，由其开发的AI辅助诊断系统在全国推广使用。

广州国家实验室是呼吸系统疾病及其防控领域的新型科研事业单位。该实验室位于环境优美的广州国际生物岛及大坦沙岛，钟南山院士任实验室主任，拥有相关领域的17名院士、专家组成的咨询战略团队，引进和培养了一批国内外知名科学家和青年学术骨干，组建了多学科交叉、青年人才担纲的高水平科学家队伍。该实验室开展基础与应用基础研究、解决呼吸系统疾病及其防控领域关键核心科学和技术难题，组建平战结合的综合创新研究平台和设施集群，打造应对呼吸系统疾病领域预防、预警与防控的战略科技力量，未来将成为具有全球影响力的突破型、引领型、平台型一体化的大型综合性研究基地和原始创新策源地。

（3）国家呼吸医学中心

根据国家呼吸医学中心设置标准，2020年7月，国家卫生健康委决定以广州医科大学附属第一医院和中日友好医院为主体分别设置国家呼吸医学中心。

2020年12月22日，国家呼吸医学中心在广州医科大学附属第一医院正式挂牌，由中国工程院院士钟南山担任名誉主任，并启动与首批26家广东地区协同医院的合作。

未来该中心将围绕发热、肺肿瘤、慢性阻塞性肺疾病、哮喘等呼吸道相关疾病开展多中心协同研究，推动医疗健康大数据互联互通、共建共享，同时开展一系列临床研究、转化研究、适宜技术推广等合作，探索远程MDT（多学科诊疗）形式的多学科合作，开展临床创新技术合作及先进技术交流，联合培养呼吸领域人才等项目。

该中心实行“开放、流动、联合、竞争”的管理机制，以重大呼吸道传染病与肺损伤、慢性气道疾病、支气管肺癌、呼吸炎症与免疫性疾病、呼吸变态反应性疾病为五大重点研究领域，瞄准不断提高诊疗能力、强化科研攻关力量，培养骨干人才梯队，发展具有现代化水平、服务整体化、管理信息化、模式集团化的国家呼吸医学中心，探索形成协同发展、优势互补的发展模式。

（4）新黄埔中医药联合创新研究院

新黄埔中医药联合创新研究院是广州高新区管委会、中国中医科学院中医基础理论研究所、广东省大湾区集成电路与系统应用研究院，联合10余家高校科研院所共同打造的全国最高水平的中医药创新研究院，旨在推进传统中医药理念与现代高新技术跨界融合创新，也是国内首家中医药关键技术装备先行先试的创新平台。

三方共建的新黄埔中医药联合创新研究院将集聚中医药、大数据、集成电路、高端制造和新材料等多学科领域的优势力量，在中医理论与标准、慢病管理模式研究与示范应用、数字化时代中医药发展解决方案、产品检验检测及大健康产业孵化等方面开展工作，助力构建中医药健康医学新模式，形成体系化创新能力和系统性攻关能力。新黄埔中医药联合创新研究院是新科技实体，将有志于这项工作的人才汇集在一起，以产业化为目的，实现机制上的创新，动员各方面科技和产业力量在这里进行对接研发，实实在在地推动产业化，加快全国中医药现代化进程，推动健康产业的发展。

（5）广东华南新药创制中心

广东华南新药创制中心是广东省乃至华南生物医药产业的核心加速器，是聚集整合创新资源、加速新药创制项目产业化的重要载体，成立于2008年10月，坐落在广州科学城。该中心的设立是广东省为整合华南地区制药行业资源、提升华南地区医药行业创新能力和竞争力、加速华南地区医药行业发展的重大举措。该中心还是国务院批准的《珠江三角洲地区改革发展规划纲要（2008—2020年）》中重点建设的三大创新平台之一，纳入国家新药创制体系，并承担国家科技重大专项“华南综合性新药研究开发技术大平台”建设。2021年，广东华南新药创制中心和中国科学院广州生物医药与健康研究院共同研制的针对阿尔茨海默病的1.1类候选新药AD16（哌哒甲酮片）已完成Ⅰ期临床试验，呈现出良好的安全性和耐受性。

（6）粤港澳大湾区精准医学研究院（广州）

粤港澳大湾区精准医学研究院（广州）由广州市人民政府、广州南沙经济技术开发区管理委员会和复旦大学三方共同举办。该研究院面向精准医学前沿尖端研究和重大成果应用转化，打造国际一流的高水平新型研发机构，吸引国内外顶尖科学家及团队落户大湾区。该研究院围绕重大疾病精准防诊治研究，设立遗传疾病、肿瘤防治、神经疾病和老年健康4个研究所；聚焦重大产业技术方向，设立创新医疗器械、智能医学、线粒体遗传与健康、类器官与再生医学、细胞与基因治疗、原创新药、精准诊断、微生物与免疫8个研究中心；以提供生物医学高端技术服务为目标，设立核酸组学、蛋白质与糖组学、代谢组学、精准医学大数据、单细胞与空间组学、分子与细胞影像、类器官与细胞治疗、创新医疗器械等多个高水平公共技术服务平台。该研究院还将与大湾区高水平科研机构和优势企业建立联合实验室，并在国内外生物医药产业聚集区布局建立一批创新中心，形成全球协同创新合作网络，加速技术转移和成果转化。该研究院已获批建设广东省高水平创新研究院；获批广东省博士后创新实践基地，与复旦大学联合培养博士后。

（7）中国科学院广州生物医药与健康研究院

中国科学院广州生物医药与健康研究院（简称“广州生物院”）是由中国科学院、广东省人民政府和广州市人民政府三方共建的科研机构。

2003年12月27日，中国科学院广州生物医药与健康研究院正式挂牌。2006年3月，广州生物院获中央机构编制委员会批准正式成立。广州生物院主要从事干细胞与再生医学、化学生物学、感染与免疫、公共健康、科研装备研制等研究。广州生物院和广州医科大学附属第五医院合作共建的基础与临床转化研究中心，将进一步推动细胞治疗与药物研发向临床应用靠近，以解决临床需求为导向，促进基础研究与临床研究深度融合，助力区域生物医疗行业高质量发展。

（8）清华珠三角研究院

2015年，广东省人民政府与清华大学签署共建清华珠三角研究院协议，在广州建立清华珠三角研究院。该研究院以体制机制创新为核心，围绕半导体与集成电路、工业软件与信息技术、精密仪器与智能装备、生物医药与医疗器械、先进材料与节能环保、高端科创服务领域，建设产学研资深度融合、特色高效的科技创新体系。2022年，该研究院与广州智瓴生物医药有限公司共建细胞与基因治疗研发中心，聚焦细胞与基因领域前沿免疫治疗技术的应用与开发，着力打造细胞与基因治疗领域的产业化平台，促进应用研究与实践结合，加快细胞与基因治疗性产品的开发进程，提高技术创新水平，增强核心竞争力，推进行业发展。

（9）广州医药研究总院有限公司

广州医药研究总院有限公司（简称“广药研究总院”）是广药集团的研发核心机构，早在2004年就成为全国首批、华南地区首家获得药物非临床研究质量管理规范（GLP）证书的药物非临床安全评价机构，是国家（广州）新药安全评价研究重点实验室。2021年，广药研究总院通过了国家药监局组织的GLP定期检查和认证检查，原有8个试验项目均符合定期检查要求，并新增生殖毒性试验（Ⅲ段）、致癌试验资质认证批件，成为全国为数不多拥有全项（9项）资质的GLP实验室（见表3-12）。这标志着广药集团药物非临床评价研究中心进入国内一流行列，有利于承接创新药物一站式的全面的非临床安全评价业务，提升广药集团研发创新综合实力。

表3-12　广州药物GLP实验室及试验项目

机构名称	试验项目
广州医药研究总院有限公司（药物非临床评价研究中心）	生殖毒性试验（Ⅰ段、Ⅱ段、Ⅲ段） 遗传毒性试验（Ames、微核、染色体畸变） 毒代动力学试验 致癌试验
博济医药科技股份有限公司（药物评价中心）	单次和多次给药毒性试验（啮齿类） 单次和多次给药毒性试验（非啮齿类、灵长类） 遗传毒性试验（Ames、微核、染色体畸变） 局部毒性试验 生殖毒性试验（Ⅰ段、Ⅱ段） 免疫原性试验 安全性药理试验 毒代动力学试验
广州中医药大学科技产业园有限公司（新南方药物安全性评价中心）	单次和多次给药毒性试验（啮齿类） 单次和多次给药毒性试验（非啮齿类，不包括灵长类） 局部毒性试验 生殖毒性试验 遗传毒性试验（Ames、微核、染色体畸变） 遗传毒性试验（小鼠淋巴瘤试验） 毒代动力学试验
广东省实验动物监测所（广州科学城-春盛药物评价中心）	单次和多次给药毒性试验（啮齿类） 单次和多次给药毒性试验（非啮齿类） 局部毒性试验 免疫原性试验 安全性药理试验 毒代动力学试验

续表

机构名称	试验项目
广东莱恩医药研究院有限公司（广东省生物资源应用研究所药物非临床评价研究中心）	单次和多次给药毒性试验（啮齿类） 单次和多次给药毒性试验（非啮齿类） 生殖毒性试验（Ⅰ段、Ⅱ段、Ⅲ段） 遗传毒性试验（Ames、微核、染色体畸变、小鼠淋巴瘤试验） 致癌试验 局部毒性试验 免疫原性试验 安全性药理试验 毒代动力学试验

资料来源：笔者根据公开资料整理。

6. 获国家科学技术奖励情况

2021年11月3日，2020年度国家科学技术奖励大会在人民大会堂举行。经网络评审组、学科专业评审组、评审委员会和奖励委员会评审，科技部审核，2020年度国家科学技术奖共评选出264个项目。广州共获得22项奖励，包括2项自然科学奖、2项技术发明奖、18项科学技术进步奖。其中生物医药领域获得4项奖励，均为科学技术进步奖。广州医科大学附属第一医院钟南山院士领衔的“钟南山呼吸疾病防控创新团队”获得了2020年度创新团队奖，这是2020年度全国唯一获此殊荣的创新团队，也是广东首次获得该奖项。此外，广东省中医院、广州医科大学附属第二医院、南方医科大学珠江医院等医疗卫生机构参与的3个项目获得科学技术进步奖（见表3–13）。

表3-13　2020年度国家科学技术奖生物医药领域广州获奖名单

项目名称	主要完成单位	奖项	等级
钟南山呼吸疾病防控创新团队	广州医科大学附属第一医院、浙江大学、中华医学会	科学技术进步奖	一等奖
中医药循证研究“四证”方法学体系创建及应用	北京中医药大学、广东省中医院、中国中医科学院中医临床基础医学研究所、兰州大学、香港浸会大学	科学技术进步奖	二等奖
创伤后肘关节功能障碍关键治疗技术的建立及临床应用	上海市第六人民医院、北京积水潭医院、广州医科大学附属第二医院、上海康定医疗器械有限公司	科学技术进步奖	二等奖
前列腺创面修复新理论与精准外科干预体系	上海市第一人民医院、南方医科大学珠江医院、贵州省人民医院	科学技术进步奖	二等奖

资料来源：笔者根据公开资料整理。

四、广州与国内重点城市生物医药产业比较分析

下面将广州生物医药产业相关数据与北京、上海、深圳、杭州、武汉、苏州等城市进行比较，分析广州与国内重点城市生物医药产业的发展水平，以及广州自身发展的态势。

1. 产业规模

（1）医药制造业发展指标

广州生物医药产业工业总产值规模偏低，但增速较快。各主要城市2023年统计年鉴数据显示，2022年广州规模以上医药制造业工业总产值是601.35亿元，排在北京、上海、杭州和苏州之后。但在增速方面，广州的同比增长率达20.3%，对比北京、深圳、杭州、苏州、上海，增速最高，颇有“起飞”之势。

从各主要城市2023年统计年鉴数据看，2022年北京规模以上医药制造业工业总产值最高，达到1748.78亿元；其次是上海（1151.37亿元）和杭州（1010.94亿元）。在增速方面，2022年与2021年相比，广州的同比增长率最高；其次是杭州，同比增长率为17.7%；苏州、上海的同比增长率分别为8.7%、4.9%（见图3–13）。

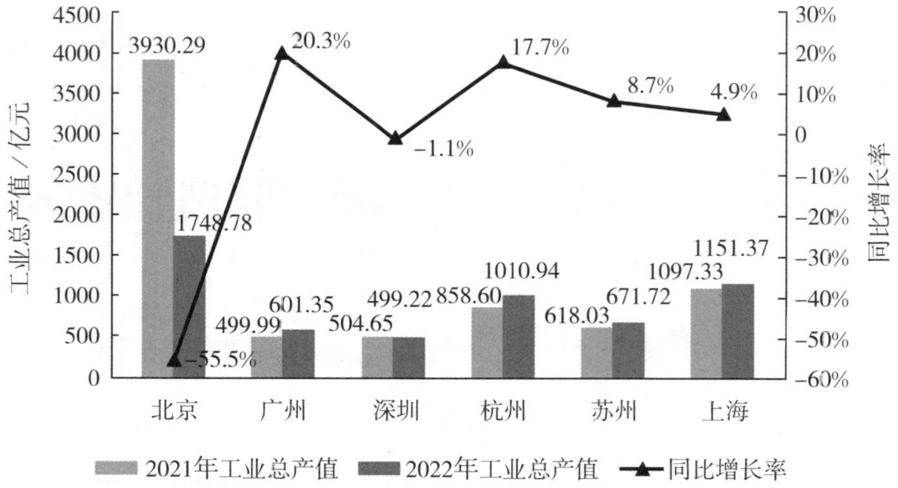

图3-13　2021—2022年主要城市规模以上医药制造业产值对比

数据来源：各主要城市2023年统计年鉴。

2021年主要城市规模以上医药制造业产值对比如图3-14所示。可以看到，2021年北京、广州和杭州规模以上医药制造业产值增长幅度较大。具体原因与2021年新冠疫情有关。随着新冠疫情的发展，2021年国内加速疫苗接种普及，国内新冠病毒疫苗中灭活疫苗占据较大份额，最大的两家灭活疫苗企业均位于北京，分别是中国生物北京生物制品研究所和北京科兴中维生物技术有限公司，因此，北京2021年规模以上医药制造业工业产值突然飙升。随着我国进入疫情防控第三阶段，也就是全链条精准防控的“动态清零”阶段，核酸检测的需求进一步增加，广州、杭州在核酸检测产业上处于领先地位，国内检测量、营收规模最大的核酸公司主要位于广州和杭州，如广州金域医学检验集团股份有限公司、迪安诊断技术集团股份有限公司、广州达安基因股份有限公司，因此广州和杭州2021年的规模以上医药制造业工业产值也快速增长。

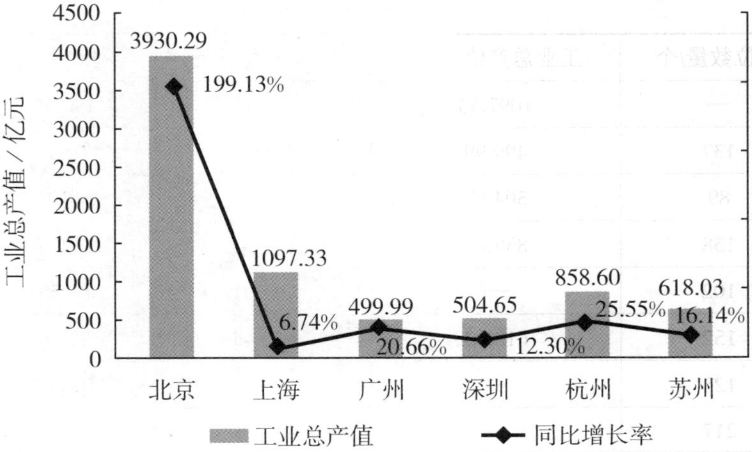

图3-14 2021年主要城市规模以上医药制造业产值对比

数据来源：各主要城市2022年统计年鉴。

2021年各城市医药制造业发展水平差距较大，北京和上海医药制造业工业总产值、主营业务收入、利润总额都远超其他城市。在北京等九市之中，广州规模以上医药制造业单位数量排第5位，工业总产值排第6位，营业收入排第6位。总的来说，广州在重点城市中处于中游水平。虽然广州的单位数量比深圳、天津、武汉多，但是工业总产值低于深圳，利润低于天津、武汉，可见广州医药制造业的高新技术产品研发能力有待加强。苏州规模以上医药制造业从单位数量、工业总产值、营业收入看，产业体量比广州大，但利润偏低；杭州、成都的各项数据几乎都好于广州，说明广州生物医药产业还有不小的发展空间（见表3–14）。

表3–14 2021年主要城市规模以上医药制造业指标情况

城市	单位数量/个	工业总产值/亿元	营业收入/亿元	利润/亿元
北京	250	3930.29	3696.75	2112.31

续表

城市	单位数量/个	工业总产值/亿元	营业收入/亿元	利润/亿元
上海	—	1097.33	1119.11	190.40
广州	137	499.99	486.40	70.37
深圳	89	504.65	448.89	118.19
杭州	138	858.60	803.63	152.69
武汉	102	—	287.01	88.53
苏州	152	618.03	512.48	35.09
天津	125	—	—	106.67
成都	217	—	671.15	136.74

数据来源：各主要城市2022年统计年鉴。

（2）龙头企业

2023年6月，米内网针对医药工业企业，根据创新驱动力（占40%权重）和专业推广力（占60%权重），评价出2022年中国医药工业百强系列榜单。

在化学药企业子榜单中，恒瑞医药、中国生物制药、上海医药集团位居前三。上海、深圳、杭州、北京、武汉均有企业进入TOP20榜单，广州和苏州没有上榜企业（见表3-15）。一品红药业股份有限公司排全国第71位，说明广州化学药企业在创新驱动和专业推广方面做得还不够好。

表3-15　2022年中国化学药企业TOP20名单

排名	企业名称
1	江苏恒瑞医药股份有限公司
2	中国生物制药有限公司
3	上海医药集团股份有限公司
4	石药控股集团有限公司

续表

排名	企业名称
5	齐鲁制药集团有限公司
6	上海复星医药（集团）股份有限公司
7	江苏豪森药业集团有限公司
8	四川科伦药业股份有限公司
9	健康元药业集团股份有限公司
10	华东医药股份有限公司
11	鲁南制药集团股份有限公司
12	人福医药集团股份公司
13	上海现代制药股份有限公司
14	华润双鹤药业股份有限公司
15	绿叶生命科学集团
16	联邦制药国际控股有限公司
17	江苏先声药业有限公司
18	浙江华海药业股份有限公司
19	远大医药（中国）有限公司
20	普洛药业股份有限公司

资料来源：笔者根据公开资料整理。

在中药企业子榜单中，广药集团、华润三九、中国中药位居前三。排名前20的企业中，有1家广州企业、1家深圳企业和1家北京企业，广药集团在全国中药企业排行榜中排名第一，说明广州在中药研发和推广方面相当有优势（见表3–16）。

表3–16　2022年中国中药企业TOP20名单

排名	企业名称
1	广州医药集团有限公司
2	华润三九医药股份有限公司

续表

排名	企业名称
3	中国中药控股有限公司
4	步长制药
5	石家庄以岭药业股份有限公司
6	云南白药集团股份有限公司
7	济川药业集团有限公司
8	北京同仁堂股份有限公司
9	天士力医药集团股份有限公司
10	天津市医药集团有限公司
11	浙江康恩贝制药股份有限公司
12	江苏康缘药业股份有限公司
13	太极集团有限公司
14	葵花药业集团股份有限公司
15	仁和药业股份有限公司
16	昆药集团股份有限公司
17	天津红日药业股份有限公司
18	漳州片仔癀药业股份有限公司
19	神威药业集团有限公司
20	东阿阿胶股份有限公司

资料来源：笔者根据公开资料整理。

在生物医药（含血液制品、疫苗、胰岛素等）企业子榜单中，百济神州（北京）、智飞生物、长春高新位居前三（见表3-17）。排名前20的企业中，有3家北京企业、2家上海企业、2家苏州企业、1家深圳企业、1家广州企业，其中广州上榜企业是百奥泰生物制药股份有限公司，排在第20位，说明广州的生物医药企业还需要继续努力。

表3-17　2022年中国生物医药企业TOP20名单

排名	企业名称
1	百济神州（北京）生物科技有限公司
2	重庆智飞生物制品股份有限公司
3	长春高新技术产业（集团）股份有限公司
4	信达生物制药（苏州）有限公司
5	上海君实生物医药科技股份有限公司
6	荣昌生物制药（烟台）股份有限公司
7	沈阳三生制药股份有限公司
8	云南沃森生物技术股份有限公司
9	华兰生物工程股份有限公司
10	深圳康泰生物制品股份有限公司
11	上海莱士血液制品股份有限公司
12	北京天坛生物制品股份有限公司
13	通化东宝药业股份有限公司
14	甘李药业股份有限公司
15	中山康方生物医药有限公司
16	山东泰邦生物制品有限公司
17	四川远大蜀阳药业有限责任公司
18	江苏康宁杰瑞生物制药有限公司
19	科兴生物制药股份有限公司
20	百奥泰生物制药股份有限公司

资料来源：笔者根据公开资料整理。

在医疗器械［含IVD（体外诊断产品）］企业子榜单中，迈瑞医疗、联影医疗、威高股份位居前三。排名前20的企业中，有4家深圳企业、2家广州企业、2家上海企业、1家北京企业（见表3-18）。由此可以看出，深圳在医疗器械方面的发展相对较快，优势较明显。广州的2家企业分别是达安基因和万孚生物，分别排第10位和第13位，都专注于IVD领域产品研发、生产、销售和服务。

表3-18　2022年中国医疗器械企业TOP20名单

排名	企业名称
1	深圳迈瑞生物医疗电子股份有限公司
2	上海联影医疗科技股份有限公司
3	山东威高集团医用高分子制品股份有限公司
4	乐普（北京）医疗器械股份有限公司
5	上海微创医疗器械（集团）有限公司
6	郑州安图生物工程股份有限公司
7	深圳市新产业生物医学工程股份有限公司
8	深圳华大基因科技有限公司
9	江苏鱼跃医疗设备股份有限公司
10	广州达安基因股份有限公司
11	东软医疗系统股份有限公司
12	健帆生物科技集团股份有限公司
13	广州万孚生物技术股份有限公司
14	迈克生物股份有限公司
15	蓝帆医疗股份有限公司
16	广东凯普生物科技股份有限公司
17	深圳开立生物医疗科技股份有限公司
18	大博医疗科技股份有限公司
19	欧普康视科技股份有限公司
20	三诺生物传感股份有限公司

资料来源：笔者根据公开资料整理。

在医药CRO企业排名方面，“2023大健康产业高质量发展大会暨第八届中国医药研发·创新峰会”公布了“2023中国医药CRO企业20强”，排名前5的企业分别是无锡药明康德、康龙化成（北京）、杭州泰格医药、北京昭衍新药、上海美迪西。博济医药和广东莱恩医药分别排第13位和第15位（见表3-19）。在医药CRO方面，北京和上海拥有大量的资源，杭州泰格排全国第3位，显示出一定实力。广州虽然医药CRO产业发展较慢，但是也在不断进步，博济医药和广东莱恩医药进入全国前20，也体现出广州医药CRO产业的发展成效。

表3-19　2023中国医药CRO企业TOP20名单

排名	企业名称
1	无锡药明康德新药开发股份有限公司
2	康龙化成（北京）新药技术股份有限公司
3	杭州泰格医药科技股份有限公司
4	北京昭衍新药研究中心股份有限公司
5	上海美迪西生物医药股份有限公司
6	方达医药技术（上海）有限公司
7	海南华氏医药控股集团有限公司
8	杭州百诚医药科技股份有限公司
9	山东百诺医药股份有限公司
10	南京威凯尔生物医药科技有限公司
11	维亚生物科技控股集团
12	山东创新药物研发有限公司
13	博济医药科技股份有限公司
14	长沙都正生物科技股份有限公司
15	广东莱恩医药研究院有限公司
16	湖南易能生物医药有限公司
17	斯坦德科创医药科技（青岛）有限公司
18	南京华威医药科技集团有限公司

续表

排名	企业名称
19	吉尔生化（上海）有限公司
20	南京科默生物医药有限公司

资料来源：笔者根据公开资料整理。

从上市企业角度看，根据2023年财报，A股总市值排名前20的生物医药企业中，虽然医药企业市值TOP20名单变动幅度不小，但名单前10整体变化并不大。从企业类型来看，药企依旧是前10位的核心，2023年占比为60%（见表3-20）。

市值方面，2023年跨进千亿市值门槛的企业共有8家，相较于2022年少了2家。其中，超3000亿元市值的企业仍只有一家——“医疗器械一哥”迈瑞医疗，凭借3523.35亿元的市值再次坐稳头把交椅。紧随其后的是“医药一哥”恒瑞医药，市值2885.22亿元，随后是国内CXO龙头企业药明康德和素有“眼茅”之称的爱尔眼科，市值分别为2157.01亿元和1475.75亿元。

从名次变化来看，2023年的前四强与2022年相比并无变化。值得注意的是，恒瑞医药2023年的市值相较于2022年增长了400多亿元，这是前20名单里增长最多的一家企业。2022—2023年，仅有5家企业的市值实现了增长。

表3-20　2023年中国生物医药上市企业总市值TOP20名单及2022年排名情况

企业名称	2023年总市值/亿元	2023年市值排名	2022年总市值/亿元	2022年市值排名
迈瑞医疗	3523.35	1	3830.95	1
恒瑞医药	2885.22	2	2457.83	2
药明康德	2157.01	3	2368.97	3

续表

企业名称	2023年 总市值/亿元	2023年市值 排名	2022年 总市值/亿元	2022年市值 排名
爱尔眼科	1475.75	4	2229.75	4
智飞生物	1466.64	5	1405.28	8
片仔癀	1459.97	6	1740.33	5
百济神州-U	1385.64	7	1618.65	6
联影医疗	1129.18	8	1458.59	7
万泰生物	952.8039	9	1147.99	10
云南白药	883.1579	10	976.7745	11
同仁堂	736.4795	11	612.7729	19
华东医药	727.3847	12	820.8698	14
爱美客	636.8124	13	1225.35	9
复星医药	615.7812	14	870.4221	13
新产业	614.4321	15	394.1637	33
长春高新	589.987	16	673.6569	16
百利天恒-U	560.999	17	—	—
上海医药	560.9165	18	601.8215	20
上海莱士	531.6385	19	427.366	30
新和成	524.2179	20	579.5451	21

数据来源：Wind数据库，总市值按年度最后一个交易日收盘计算。

（3）医疗卫生服务规模

2021—2022年，广州人均医疗资源有所下降。各主要城市2023年统计年鉴数据显示，2022年北京的医院数量最多，共741家；其次是上海，有455家；广州有298家医院，排名第六。广州各类医疗机构床位总数及医院床位总数都不及北京和上海。广州每万人口各类医疗机构床位数为106.78张，在全国一线城市中排名第一（见表3-21、表3-22）。

表3-21　2022年主要城市医疗资源情况

城市	各类医疗机构数量/个	各类医疗机构床位总数/张	医院数量/家	医院床位总数/张	每万人口床位数（各类医疗机构）/张	每万人口床位数（医院）/张
广州	6159	110507	298	100490	106.78	53.64
北京	12211	133932	741	126309	61.32	57.8
上海	6421	173563	455	156462	70.10	63.19
深圳	5201	65720	151	60643	37.21	34.34
杭州	5823	92894	387	87950	75.06	71.06
武汉	6818	98626	362	85210	71.79	62.02
苏州	4138	79968	328	68707	103.22	88.69

数据来源：各主要城市2023年统计年鉴。

表3-22　2021年主要城市医疗资源情况

城市	各类医疗机构数量/个	各类医疗机构床位总数/张	医院数量/家	医院床位总数/张	每万人口床位数（各类医疗机构）/张	每万人口床位数（医院）/张
广州	5814	106513	291	97117	56.62	51.63
北京	11727	130259	733	122287	59.52	55.87
上海	6317	168463	432	150815	67.67	60.58
深圳	5241	63990	145	58795	36.19	33.25
杭州	5633	90754	370	85475	74.36	70.04
武汉	6585	97682	364	84948	71.57	62.24
苏州	4027	77622	243	66571	60.42	51.82

数据来源：各主要城市2022年统计年鉴。

（4）医药品进出口规模

全国医药品进口数量激增，其均价有所下降。从医药品进口数量来看，海关总署数据显示，2019—2021年我国医药品进口数量整体呈增长态势。2021年我国医药品进口数量达到22.59万吨，同比增长2.7%；医药品进口金额达到446.68亿美元，同比增长20.72%。在医药品出口方面，2021年全国出口数量达到146.41万吨，同比增长11.42%；出口金额跃升至496.26亿美元，同比增长124.65%（见表3-23）。

广州医药品进出口增长明显，但附加值偏低，进出口医药品处于价值链的中低端。2021年广州医药品进口数量为0.91万吨，同比下降18.75%，进口金额为24.36亿美元，同比增长16.39%；医药品出口数量为3.01万吨，同比增长17.12%，出口金额为4.27亿美元，同比增长55.27%。值得注意的是，2021年北京医药品进口数量约是广州的3倍，进口金额约是广州的5.7倍；出口数量约是广州的1.7倍，但是出口金额约是广州的38倍。这说明广州进出口医药品单价较低，产品附加值与北京相比存在差距。

表3-23　2019—2021年全国及各主要城市医药品进出口情况

区域	年份	进口数量/万吨	进口金额/亿美元	出口数量/万吨	出口金额/亿美元
全国	2021	22.59	446.68	146.41	496.26
	2020	22.00	370.00	131.40	220.90
	2019	15.80	357.09	110.09	172.67
北京	2021	2.79	139.25	5.01	161.24
	2020	2.98	101.01	2.60	9.87
	2019	2.95	90.78	3.74	5.97
广州	2021	0.91	24.36	3.01	4.27
	2020	1.12	20.93	2.57	2.75
	2019	1.09	18.27	2.23	1.08

数据来源：各主要城市2022年统计年鉴。

2. 创新投入

（1）风险投资活动

广州风险投资环境比较稳定，投资事件数量和投资总金额增速不及其他城市。根据清科数据库统计，2022年广州生物技术/医疗健康行业的投资事件数量为56起，投资总金额为48.17亿元。在对比城市中，上海的生物医药投融资最活跃，投资事件数量最多（281起），投资总金额也最高（502.82亿元）。广州的投资事件数量和投资总金额在8个城市中均处于下游，但平均每起投资事件投资金额高于深圳、杭州、武汉、苏州（见表3-24）。

表3-24　2022年主要城市生物技术/医疗健康行业投资情况

城市	投资事件数量/起	投资总金额/亿元	平均每起投资事件投资金额/亿元
北京	225	202.04	0.90
上海	281	502.82	1.79
广州	56	48.17	0.86
深圳	149	89.87	0.60
杭州	115	64.41	0.56
武汉	23	18.87	0.82
苏州	183	142.07	0.78
成都	49	52.93	1.08

数据来源：清科数据库。

（2）上市企业研发投入

截至2022年10月，A股生物医药行业共有469家上市公司，2022年前三季度生物医药行业A股上市企业研发费用规模前3位分别为恒瑞医药（34.98

亿元）、复星医药（28.49亿元）、迈瑞医疗（20.87亿元）。研发费用率（研发投入强度）前3位分别为亚虹医药–U（1012415.64%）、首药控股–U（7778.40%）、迈威生物–U（2620.41%）。研发投入强度前20位的生物医药行业A股上市企业集中在上海和北京，广州、深圳、苏州各有企业进入前20位。广州的百奥泰2022年前三季度研发费用为4.22亿元，研发投入强度为110.56%，研发投入强度排全国第9位（见表3–25）。值得注意的是，广州进入研发投入强度前50位的生物医药行业A股上市企业只有百奥泰1家，说明广州的生物医药行业A股上市企业还需要继续加大研发投入力度。

表3–25　2022年前三季度生物医药行业A股上市企业研发投入强度TOP20名单

排名	企业名称	研发投入强度	研发费用/亿元
1	亚虹医药–U	1012415.64%	1.72
2	首药控股–U	7778.40%	1.39
3	迈威生物–U	2620.41%	5.35
4	盟科药业–U	329.75%	1.15
5	前沿生物–U	282.83%	1.63
6	泽璟制药–U	198.33%	3.92
7	君实生物–U	134.29%	16.36
8	荣昌生物	116.31%	6.63
9	百奥泰	110.56%	4.22
10	天智航–U	95.33%	0.80
11	神州细胞–U	93.05%	6.05
12	康希诺	77.62%	5.49
13	诺思兰德	76.12%	0.43
14	数字人	70.19%	0.18
15	赛诺医疗	67.93%	1.13
16	舒泰神	67.64%	2.59

续表

排名	企业名称	研发投入强度	研发费用/亿元
17	三生国健	41.07%	2.17
18	广生堂	40.39%	1.20
19	艾迪药业	39.66%	0.53
20	微芯生物	38.40%	1.29

3. 创新成果

以下主要从在研新药申请数量、第三类医疗器械获批产品数量、发明专利申请数量、国家科学技术奖生物医药技术获奖数量等方面将广州与国内其他主要城市进行对比（见表3–26、图3–15）。

表3–26 主要城市生物医药创新成果情况对比

城市	2018—2022年发明专利申请总数/件	2022年发明专利申请数量/件	在研新药申请数量/件			第三类医疗器械获批产品数量/件			2020年度国家科学技术奖生物医药技术获奖数量/项
			2020年	2021年	2022年	2020年	2021年	2022年	
北京	78562	13813	73	149	147	134	160	242	11
上海	57501	9161	304	412	383	90	114	179	11
广州	41063	7207	59	107	91	30	38	53	4
深圳	44989	7602	23	55	64	84	121	200	1
杭州	32774	6017	38	80	112	46	37	54	2
武汉	22928	4457	13	19	28	24	23	22	0
苏州	26162	4457	173	227	283	74	77	116	1
天津	16304	2500	10	6	16	45	54	79	2
成都	24155	4404	33	39	72	19	14	18	3

数据来源：笔者根据公开资料整理。

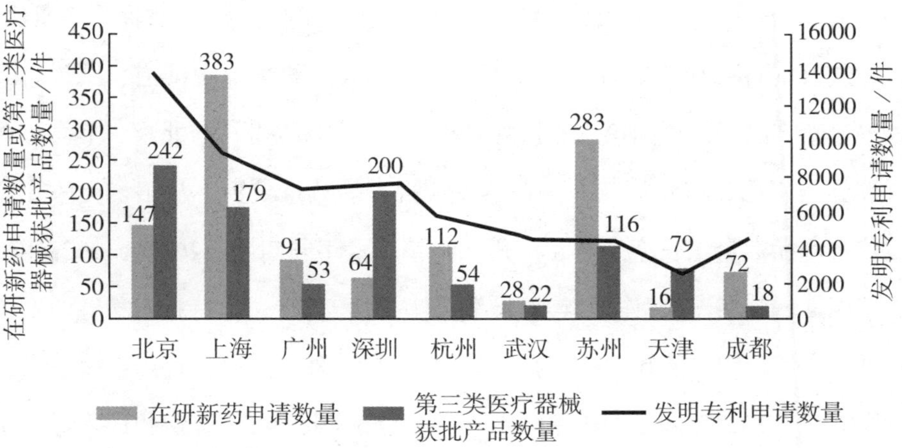

图3-15 2022年主要城市在研新药申请、第三类医疗器械获批产品、发明专利申请情况

数据来源：笔者根据公开资料整理。

（1）在研新药申请

广州新药研发平稳发展，申请数量和增速均有提升。CDE数据库数据显示，广州2020—2022年共257个新药申请受理获批，新药申请受理获批数量仅少于上海（1099件）、苏州（683件）、北京（369件），多于杭州（230件）、成都（144件）、深圳（142件）、武汉（60件）、天津（32件）。从2022年新药申请受理获批数量看，上海与苏州的领先地位非常明显，表明长三角新药研发领先地位突出，研发投入大，成效显著。广州进步也非常明显，2021年全年新药申请受理获CDE审批107件，同比增长81%，虽然2022年稍有回落，但新药申请受理获批数量也保持在较高的位置。

（2）第三类医疗器械获批产品

广州第三类医疗器械获批产品数量偏少，产品主要集中在体外诊断领域。2020—2022年国产第三类医疗器械获批产品数量数据显示，北京536

件、深圳405件、上海383件、苏州267件、天津178件、杭州137件、广州121件、武汉69件、成都51件。广州医疗器械创新主要集中在试剂、试剂盒等体外诊断产品，占广州第三类医疗器械产品的50%以上。与北京、上海、深圳、苏州相比，广州第三类医疗器械获批产品数量较少。从第三类医疗器械获批产品数量增长率上看，广州2021年较上年同期增长26.7%，2022年较上年同期增长39.5%，连续2年增长率保持在20%以上，保持相对稳健的增长速度。连续2年保持20%以上的增长率的还有上海、深圳、天津，而且增长速度更快，2022年同比增长率分别为57%、65.3%、46.3%，广州还需进一步推动医疗器械产业发展。

（3）生物医药领域发明专利申请

生物医药领域发明专利申请数量稳步增加。2018—2022年广州生物医药领域发明专利申请总数为41063件，在九个城市中排名第四。2018—2022年北京生物医药领域发明专利申请数量最多，达到78562件，约为广州的1.91倍；上海57501件，约为广州的1.4倍；深圳的发明专利申请总数也超过广州，达到44989件。2018—2022年各主要城市发明专利申请数量总体呈平稳增长态势，由于专利公开会有滞后性，2022年的发明专利申请数量会相对偏少。北京、上海的发明专利申请数量比其他城市高一个量级，广州和深圳在2018年的发明专利申请数量相当，2019—2021年深圳的发明专利申请数量比广州多一些，2022年广州的发明专利申请数量接近深圳的发明专利申请数量。杭州、苏州等其他五个城市的发明专利申请数量与广州还有一定差距（见图3–16）。

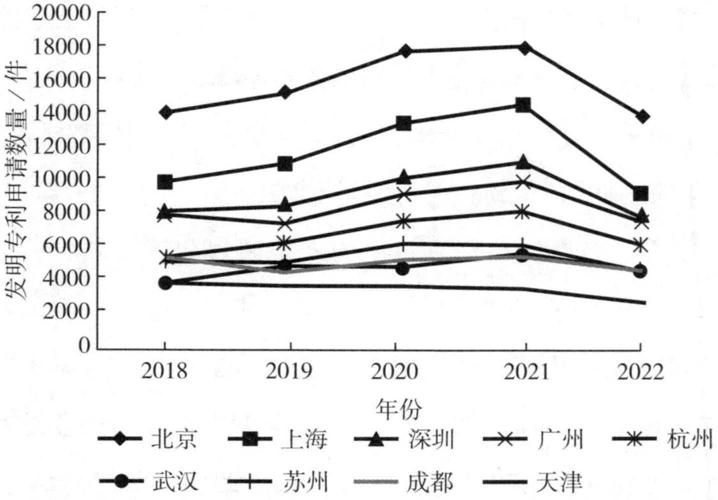

图3-16　2018—2022年主要城市生物医药领域发明专利申请数量

数据来源：壹专利检索分析数据库。

（4）获生物医药领域国家科学技术奖

在获生物医药领域国家科学技术奖方面，2020年度国家科学技术奖生物医药技术获奖数量上，北京、上海、广州三个城市排名靠前，获奖数分别为11项、11项、4项。

广州获2020年度国家科学技术奖共22项，其中4项属于生物医药领域，均为科学技术进步奖。

4. 创新政策

针对各城市生物医药与健康产业的发展，政府出台了不同的战略方针。表3-27对比了2020—2022年各主要城市较具代表性的规划政策。各主要城市生物医药与健康产业发展都基于中央、省（区、市）对产业战略布局的指导，如各地“十四五”规划、各地区战略性新兴产业或高新技术产业战略规划，从宏观层面上对生物医药产业经济增长、园区建设等整体发展进行部署。通过汇总全国主要城市的生物经济、生物医药及生物质能替代等领域的政策，可以看出2021年后各地均出台了各项战略规划，并且明确了2025年的产业发展规模和企业竞争力前瞻。

总体来看，各个城市都有自己的发展规划和侧重领域，如广州对新药临床研发加大了支持力度；北京建设具有全球影响力的创新型产业集群和科技服务中心；上海建立“研发+临床+制造+应用”全产业链政策支持体系；深圳计划到2025年，全市生物医药产业总产值突破2000亿元；苏州计划到2025年生物医药及健康产业规模突破4000亿元，总产值突破3500亿元；杭州完善“一核四园多点”的生物医药产业重点布局；武汉聚焦生物医药、医疗器械、精准医疗、微生物、健康服务等。

表3-27　2020—2022年主要城市生物医药产业主要政策

城市	时间	政策名称	政策内容
广州	2022年3月	《广州市黄埔区 广州开发区加快生物医药产业发展实施意见细则（修订）》	引导生物医药产业创新发展，提升本土创新药国际临床试验能力，紧跟国家生物医药的重大政策和法律法规变化
	2020年2月	《广州市加快生物医药产业发展若干规定（修订）》	重点针对新药临床研发加大了支持力度，引导本地医疗机构加强对广州市生物医药企业临床试验的支持；同时，增加对GCP机构和I期临床研究病房的支持，从支持研究型病房建设、改善研究者创新环境、促进科研成果转化，以及支持离岗创业等业界反映最强烈的方面着手，增加有关政策措施，激发临床试验机构人才智力与活力

续表

城市	时间	政策名称	政策内容
北京	2022年2月	《北京市生物医药全产业链开放实施方案》	这是针对北京“两区”建设出台的第一个全产业链开放实施方案，对北京市生物医药产业从研发到临床应用等各环节实现全产业链覆盖，从5大方面提出17项共50条具体发展措施
	2021年11月	《北京市“十四五”时期国际科技创新中心建设规划》	支持开展生物技术前沿技术研发。在核酸和蛋白质检测、细胞功能和病理状态在体检测等基础核心技术领域，产生具有国际引领性的原创发现
	2021年7月	《北京市加快医药健康协同创新行动计划（2021—2023年）》	在前沿方面，生命科学领域引进培育多层次创新人才不少于1万人，国家战略科技力量进一步强化，在全球生命科学领域形成北京生物技术创新特色长板
	2021年2月	《2021年市政府工作报告重点任务清单》	在生物医药等领域积极争取国家级创新平台布局；抓好大兴生物医药基地等重点功能区建设
	2020年12月	《大兴区“两区”建设工作方案》	加快建设生物医药产业基地；释放六大重点领域开放新动能；构建“1+4+6”开放发展新格局
	2020年6月	《北京经济技术开发区关于加快四大主导产业发展的实施意见》	到2022年初步建成具有全球影响力的创新型产业集群和科技服务中心；生物技术和大健康产值达到1000亿元
上海	2022年11月	《上海市加快打造全球生物医药研发经济和产业化高地的若干政策措施》	培育或引进100个以上创新药和医疗器械重磅产品，培育50家以上具备生物医药研发、销售、结算等复合功能的创新型总部，培育20家以上高水平生物医药孵化器和加速器
	2021年12月	《上海市生物医药产业发展“十四五”规划》	到2025年，初步建设成为世界级生物医药产业集群核心承载地，全市生物医药产业规模超10000亿元

续表

城市	时间	政策名称	政策内容
上海	2021年10月	《关于推进上海市生物医药研发与制造协同发展的若干举措》	优先提供空间保障；加大人才支持力度；支持创新产品推广应用；提供税收优惠；提供资金支持；等等
	2021年8月	《青浦区促进生物医药产业高质量发展行动方案（2021—2023年）》	到2023年，生物医药制造业规模以上工业企业总产值超过160亿元，生物医药研发服务业收入力争超过30亿元。新增生物医药企业上市达到2家
	2021年7月	《关于建设上海市生物医药产品注册指导服务工作站（点）实施方案（试行）》	通过明确上海市生物医药产品注册指导服务工作站（点）[简称“工作站（点）”]建设标准和认定程序，围绕医疗器械产品申报要求、产品注册申报路径和流程、技术审评要点等内容，加强对工作站（点）人员的培训，指导其主动对接产品研发，开展产品注册工作的跨前服务，在全市建成一批服务专业、运行良好、成绩突出、经验可推广的工作站（点），加快推动医疗器械产业快速发展
	2021年7月	《关于上海市2021年度“科技创新行动计划”生物医药科技支撑专项项目立项的通知》	对“温度敏感型p53突变突变体靶向治疗理论及First-in-class先导化合物筛选”等230个项目予以立项，市科委资助9040万元，其中2021年拨款7232万元
	2021年5月	《上海市人民政府办公厅关于促进本市生物医药产业高质量发展的若干意见》	立足上海生物医药产业发展基础，抓好优势领域突破、创新策源引领、重点区域发展、生态环境建设和龙头企业打造，建立“研发+临床+制造+应用”全产业链政策支持体系，完善“1+5+X”生物医药产业基地新布局，实施产业高质量发展重大工程。通过三年的努力，全市生物医药制造业年度工业总产值力争达到1800亿元

续表

城市	时间	政策名称	政策内容
杭州	2022年10月	《关于加快生物医药产业高质量发展的若干措施》	重点支持药品、高端医疗器械、先进制药装备、新型服务外包、数字化医疗及医美等领域的研发、生产和服务
	2022年7月	《杭州市产业园区“规划环评+项目环评”改革实施方案》	对列入市“一核四园多点”的生物医药产业园内，除医疗仪器设备及器械制造类［含电镀工艺或年用溶剂型涂料（含稀释剂）10吨以上的］、医药制造业类（含合成或有机溶剂提炼或发酵工艺的）的建设项目环境影响评价按《建设项目环境影响评价分类管理名录（2021年版）》规定办理外，其余药品（含医药 CDMO定制研发等）、高端医疗器械、先进制药装备及材料类建设项目，可按“一免”改革要求落实豁免环评编制改革措施
	2021年7月	《杭州市人民政府办公厅关于加快生物医药产业高质量发展的若干意见》	围绕产业全领域生态构建，健全研发、临床、制造、要素、生态和机制的全产业链政策支撑体系，进一步完善“一核四园多点”的生物医药产业空间布局，落实生物医药与健康产业“156行动”计划，通过3年努力，实现全市生物医药制造业年度工业总产值翻番。在此基础上，到2030年，力争全市生物医药与健康产业规模达到万亿级
苏州	2022年5月	《苏州市生物医药产业创新集群建设实施方案》	到2023年，力争产业规模突破3300亿元，产值突破2700亿元；到2025年，力争产业规模突破4000亿元，产值突破3500亿元
	2021年4月	《苏州市生物医药及健康产业强链补链三年行动计划（2021—2023）》	到2023年，生物医药及健康产业规模突破3300亿元，总产值突破2700亿元

续表

城市	时间	政策名称	政策内容
深圳	2022年6月	《深圳市培育发展生物医药产业集群行动计划（2022—2025年）》	到2025年，将深圳建设成为全球知名的创新药研发中心和国内领先、国际一流的生物医药产业集聚发展高地。产业集聚效应显著增强。到2025年，生物医药产业增加值达到400亿元，营业收入达到1000亿元，建成若干特色鲜明、协同发展的专业生物医药产业园区，产业集聚发展水平显著提升
	2020年2月	《深圳市生物医药产业集聚发展实施方案（2020—2025年）》	到2025年，全市生物医药产业总产值实现突破2000亿元
武汉	2021年11月	《进一步推进大健康和生物技术产业发展政策措施》	支持新药研发，对企业自主研发的生物医药创新产品，按照项目进展情况给予资金支持，单个企业每年累计最高不超过1亿元
	2021年10月	《做响“武汉制造”品牌三年行动计划（2021—2023年）》	在生物医药、医疗器械、大健康等领域，加快技术创新和成果转化，打造10项大健康名品
	2021年4月	《武汉市国民经济和社会发展第十四个五年规划和2035年远景目标纲要》	聚焦生物医药、医疗器械、精准医疗、微生物、健康服务等，建设具有全球资源配置能力的现代药品和高端医疗器械流通体系，打造国家健康服务中心。到2025年，生物医药及医疗器械产值600亿元

资料来源：笔者根据公开资料整理。

5. 国家重点研发计划

广州承担国家重点研发计划项目数量仍属于第二梯队。2021—2022年主要城市参与国家重点研发计划生物医药领域重点专项承担项目数量上，北京、上海属于第一梯队，远多于其他城市，北京63个、上海39个。广州、深圳、杭州、武汉属于第二梯队，其中广州参与项目18个，包括“合成生物学”“干细胞与器官修复”“生物大分子与微生物组”“发育编程及其代谢调节”等专项。杭州参与14个项目，深圳参与12个项目，武汉参与9个项目。

从分布领域来看，2021—2022年北京参与项目所涉及的专项领域最广。北京在“病原学与防疫技术体系研究”专项中参与项目超50%，在“常见多发病防治研究”专项及“诊疗装备与生物医用材料”专项中参与项目超40%；上海在“生殖健康及妇女儿童健康”和“发育编程及其代谢调节”2个专项中参与项目皆超30%；广州在“干细胞与器官修复”专项中参与项目超30%。

第四章　广州生物医药产业与广州整体发展耦合作用分析

本章通过研究广州生物医药技术创新与广州科技、经济、社会发展的耦合情况，分析广州生物医药技术创新对广州科技、经济、社会发展的推动作用。

一、广州生物医药产业与广州整体发展耦合的内涵界定

广州生物医药产业及广州科技、经济、社会的发展，不仅仅依靠市场、资源等，作为国家经济的重要产业，还需要政府在耦合系统发展的过程中营造良好的发展环境，以及提供支持性、刺激性的发展政策。这对于促进广州生物医药产业发展和广州科技、经济、社会发展具有重要意义。

1. 广州生物医药产业发展推动广州整体发展

在广州生物医药产业与广州科技、经济、社会的耦合系统中，广州生物医药产业的发展利用系统内社会需求、资本、科研基础及人才等资源从事相关的生产活动。广州生物医药产业发展水平的提高和优化升级将会促进耦合系统内资源的合理分配，不仅能提升广州生物医药产业本身的效益，同时也能带动广州整体的发展，包括解决医疗、就业等民生问题，研发新药、医疗器械以降低使用成本或提高经济效益等，从而提升耦合系统整体的协调发展水平。

2. 广州整体发展促进广州生物医药产业发展

广州在科技、经济、社会发展的过程中，将不断完善耦合系统内的基础配套设施，发挥城市、平台的作用，引入全世界范围内的先进管理理念、生产模式和科技人才等资源，带动生物医药产业与相关上下游配套产业之间的资源共享、优势互补。这有利于解决广州生物医药产业研发成本高、研发周期长、人才需求大等问题，促进广州生物医药产业科研水平及经济效益的提升，推动广州生物医药产业高质量发展。

二、广州生物医药产业与广州整体发展的耦合系统模型构建

首先，依据广州生物医药产业系统和广州整体发展系统的发展内涵和特点，并借鉴前人的研究，构建二者耦合发展评价模型及评价指标体系，确定关联度变量参数，并通过熵值赋权法计算出各变量参数的指标权重。

然后，基于耦合度模型，分析两个子系统之间耦合作用强度及两个子系统之间的发展状态。耦合度值越小，表明系统或要素之间的相互影响程度越小。随着耦合度的提升，两个子系统将从无序混乱状态向有序高效状态发展。但耦合度在一定程度上不能反映出广州生物医药产业与广州科技、经济、社会发展耦合系统整体的发展状态和效用，因此构建广州生物医药产业与广州科技、经济、社会发展耦合协调度模型。

最后，通过耦合协调度模型分析广州生物医药产业与广州科技、经济、社会发展耦合系统的总体发展水平、变化趋势及其原因，从而进行准确的评价和分析。

1. 指标体系设计

借鉴已有文献提出的创新发展耦合作用依据，本章的指标体系将分为

广州生物医药产业和广州科技、经济、社会发展情况两个子系统共计6个一级指标和32个二级指标，对广州生物医药技术创新及广州发展的耦合作用进行评价（见表4–1）。

通过从规模效应、经营效应、科研效应三个方面对广州生物医药产业进行分析，反映广州生物医药产业系统的发展状态。首先，选取医药制造业规模以上企业工业总产值、规模以上企业数量、规模以上固定净资产额、从业人员年平均人数、规模以上制造业税收金额（主营业务税金）、规模以上企业工业增加值来反映广州生物医药产业发展为广州发展带来的规模效应。然后，根据统计口径、统计数据等的差异，选取医药制造业规模以上企业主营业务收入、规模以上企业产业利润、规模以上企业新产品销售收入（工业销售产值）来反映广州生物医药产业系统的经营效应。最后，采用承担国家重点专项数量、承担国家重点专项数量占全国比例、获得国家科技奖数量、当年生物医药发明专利申请数量、规模以上企业全员劳动生产率、当年在研药数量、各类医疗机构数量来衡量广州生物医药产业系统的科研效应。

在衡量广州整体发展方面，分别从经济发展、社会发展、科技发展三个方面来反映。首先，用地区生产总值、人均地区生产总值、地方财政收入、工业增加值、产业结构（工业增加值占地区生产总值比重）来反映广州的经济发展状况。然后，用城镇居民人均可支配收入、居民消费价格指数、商品进出口总值来体现广州的社会发展状况。最后，选取R&D经费内部支出、科研机构与研发技术服务企业R&D人员数量、科研机构与研发技术服务企业R&D人员折合全时工作量、当年发明专利申请数量、科研机构与研发技术服务企业当年发表科技论文数量、省级工程研究中心数量、科研机构与研发技术服务企业数量来反映广州的科技发展状况。

表4-1 广州生物医药产业与广州整体发展耦合系统指标体系

子系统	一级指标	二级指标
广州生物医药产业	规模效应	规模以上企业工业总产值/万元
		规模以上企业数量/家
		规模以上固定净资产额/万元
		从业人员年平均人数/人
		规模以上制造业税收金额（主营业务税金）/万元
		规模以上企业工业增加值/万元
	经营效应	规模以上企业主营业务收入/万元
		规模以上企业产业利润/万元
		规模以上企业新产品销售收入（工业销售产值）/万元
	科研效应	承担国家重点专项数量/个
		承担国家重点专项数量占全国比例/%
		获得国家科技奖数量/个
		当年生物医药发明专利申请数量/件
		规模以上企业全员劳动生产率/（元/人）
		当年在研药数量/件
		各类医疗机构数量/家
广州整体发展	经济发展	地区生产总值/万元
		人均地区生产总值/万元
		地方财政收入/万元
		工业增加值/万元
		产业结构（工业增加值占地区生产总值比重）
	社会发展	城镇居民人均可支配收入/元
		居民消费价格指数（以上年价格为100）
		居民消费价格指数（以1978年价格为100）
		商品进出口总值/万元

续表

子系统	一级指标	二级指标
广州整体发展	科技发展	R&D经费内部支出/万元
		科研机构与研发技术服务企业R&D人员数量/人
		科研机构与研发技术服务企业R&D人员折合全时工作量/人年
		当年发明专利申请数量/件
		科研机构与研发技术服务企业当年发表科技论文数量/篇
		省级工程研究中心数量/家
		科研机构与研发技术服务企业数量/个

2. 采用熵值赋权法确认参数权重

目前国内外相关研究中有多重指标综合评价方法，这些方法大致可以分为主观赋权法及客观赋权法。下面采用客观赋权法中的熵值赋权法确认参数权重，从而更为准确地反映出指标的效用价值。

假设在广州生物医药产业与广州科技、经济、社会发展耦合系统中，需要评价的对象有n个指标，有m年的发展状况，这是一个由m个样本组成，用n个指标做综合评价的问题，因此可以构建评价系统的初始数据矩阵$\boldsymbol{X}=(X_{ij})_{m\times n}$，其中$X_{ij}$表示的是第 i 年第 j 项指标的数值。本章选取的数据是2016、2017、2019、2020年广州的相关变量参数数据。

①由于分析序列可能存在原始参数数据量纲和数量级不同，为便于分析比较，采用极差标准化方式对数据进行无量纲化处理。

$$X'_{ij}=\frac{X_{ij}-\min(X_j)}{\max(X'_j)-\min(X_j)}$$

其中，X_{ij} 为第 j 项指标第 i 年的指标值。

②利用比重法对数据进行无量纲化处理，即：

$$y_{ij} = \frac{X'_{ij}}{\sum_{i=1}^{n} X'_{ij}}$$

其中，n为指标取值的年数。

③计算第j项指标的熵值e_j，即：

$$e_j = -\frac{1}{\ln n}\sum_{i=1}^{n} y_{ij} \ln y_{ij}$$

其中，n为指标取值的年数。

④计算第j项指标的差异系数g_j，即：

$$g_j = 1 - e_j$$

g_j越大说明该指标越重要。

⑤确定权重：

$$w_j = \frac{g_j}{\sum_{j=1}^{n} g_j}$$

经计算，广州生物医药产业与广州科技、经济、社会发展耦合系统中各项指标权重如表4–2所示。

表4-2　广州生物医药产业与广州整体发展耦合系统指标权重

子系统	一级指标	二级指标	权重（ω）
广州生物医药产业	规模效应	规模以上企业工业总产值/万元	0.068754
		规模以上企业数量/家	0.064845
		规模以上固定净资产额/万元	0.099144
		从业人员年平均人数/人	0.049593
		规模以上制造业税收金额（主营业务税金）/万元	0.039464
		规模以上企业工业增加值/万元	0.053273
	经营效应	规模以上企业主营业务收入/万元	0.064623
		规模以上企业产业利润/万元	0.088937
		规模以上企业新产品销售收入（工业销售产值）/万元	0.061045
	科研效应	承担国家重点专项数量/个	0.058305
		承担国家重点专项数量占全国比例/%	0.082574
		获得国家科技奖数量/个	0.059405
		当年生物医药发明专利申请数量/件	0.051708
		规模以上企业全员劳动生产率/（元/人）	0.0379
		当年在研药数量/件	0.061299
		各类医疗机构数量/家	0.059132
广州整体发展	经济发展	地区生产总值/万元	0.061242
		人均地区生产总值/万元	0.070287
		地方财政收入/万元	0.054339
		工业增加值/万元	0.057642
		产业结构（工业增加值占地区生产总值比重）	0.089387
	社会发展	城镇居民人均可支配收入/元	0.056755
		居民消费价格指数（以上年价格为100）	0.048819
		居民消费价格指数（以1978年价格为100）	0.06011
		商品进出口总值/万元	0.041689

续表

子系统	一级指标	二级指标	权重（ω）
广州整体发展	科技发展	R&D经费内部支出/万元	0.068694
		科研机构与研发技术服务企业R&D人员数量/人	0.070123
		科研机构与研发技术服务企业R&D人员折合全时工作量/人年	0.077709
		当年发明专利申请数量/件	0.050525
		科研机构与研发技术服务企业当年发表科技论文数量/篇	0.085962
		省级工程研究中心数量/家	0.051127
		科研机构与研发技术服务企业数量/个	0.055589

三、耦合理论模型构建

1. 耦合度模型

耦合关联度可以用来测度两个系统间相互作用和影响的强度，借鉴物理学中容量耦合的概念及模型，以及广州生物医药产业发展与广州整体发展两个系统，得到耦合关联度的简化公式：

$$C = 2 \cdot \frac{(u_1 \times u_2)^{\frac{1}{2}}}{\prod (u_1 + u_2)}$$

为便于区分，把u_1替换成u，把u_2替换成w，则公式变为：

$$C = 2 \cdot \frac{(u \times w)^{\frac{1}{2}}}{\prod (u + w)}$$

借鉴前人的研究，耦合划分为4个程度：①C=0，无耦合；②C在（0，0.3），低耦合；③C在（0.3，0.7），中度耦合；④C在（0.7，1），高度耦合。

2. 耦合协调度模型

耦合度作为反映广州生物医药产业与广州科技、经济、社会发展耦合程度的重要指标，可以反映出两个子系统之间耦合作用的强度及作用的时序区间。但耦合度在某些情况下反映不出广州生物医药产业与广州科技、经济、社会发展耦合系统整体发挥的效用和整体的发展状况。因此，选用耦合协调度模型，分析耦合系统整体的耦合协调程度、变化趋势及其原因。构建的耦合协调度模型为：

$$D = \sqrt{C \times T}$$
$$T = au_1 + bw_1$$

其中，D为耦合协调度，C为耦合度，T为广州生物医药产业与广州整体发展的综合评价指数，a为广州生物医药产业发展权重，b为广州整体发展权重，a、b皆为待定系数。在此耦合系统中，广州生物医药产业和广州科技、经济、社会发展的重要性相同，因此取a=b=0.5。

根据以上分析，并借鉴耦合协调度体系及判别标准，构建耦合协调度等级分类体系，如表4–3所示。

表4–3　耦合系统协调发展分类体系

失调衰退型				
D值范围	0～<0.1	0.1～<0.2	0.2～<0.3	0.3～<0.4
类型	极度失调	严重失调	中度失调	轻度失调
协调发展型				
D值范围	0.6～<0.7	0.7～<0.8	0.8～<0.9	0.9～1
类型	初级协调	中级协调	良好协调	优质协调

续表

过渡型		
D值范围	0.4～<0.5	0.5～<0.6
类型	濒临失调衰退	勉强协调发展

耦合协调度D只能反映出耦合系统在某一时刻的状态，是一种静态评价。动态评价发展趋势模型为：

$$L = \frac{D(t)}{D(t-1)}$$

当$L>1$时，呈良好增长态势；当$L<1$时，则呈衰减态势。

四、耦合度及耦合协调度评价分析

1. 现状分析

广州医药制造业和地区经济发展总体呈稳步上升的态势。广州医药制造业规模以上企业工业总产值由2016年的278.0亿元快速增加到2020年的414.4亿元，地区生产总值由2016年的18559.7亿元快速增加到2020年的25019.1亿元（见图4-1）[①]。从增长率上看，广州医药制造业规模以上企业工业总产值平均年增长率高于地区生产总值增长率，反映出广州医药制造业具有很好的发展潜力。

① 2018年相关数据未纳入本节统计分析中。

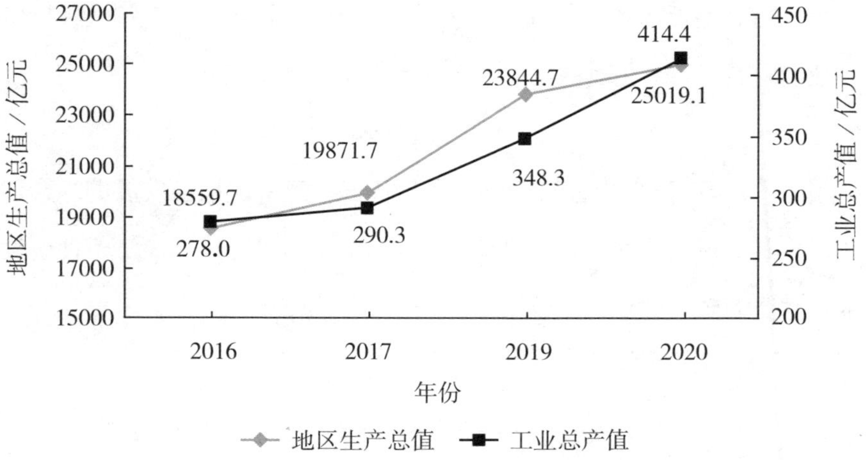

图4-1　2016、2017、2019、2020年广州地区生产总值和医药制造业规模以上企业工业总产值

2. 耦合度分析

通过对广州生物医药产业与广州科技、经济、社会发展子系统相关指标发展情况的基本分析，基于对广州生物医药产业与广州整体发展耦合模型的构建，选择各类指标进行实证分析。

（1）综合评价

根据标准化数据，计算广州生物医药产业综合贡献值u与广州科技、经济、社会发展综合贡献值w，结果如表4-4所示。

表4-4　广州耦合子系统综合贡献值

综合贡献值	2016年	2017年	2019年	2020年
u	0.244985433	0.245963144	0.25084436	0.253500126
w	0.099624938	0.101728904	0.097305732	0.097281447

为了更好地反映耦合系统中广州生物医药产业子系统和广州科技、经济、社会发展子系统相对的发展情况，计算综合评价指数T：

$$T=au+bw$$

其中，T为广州生物医药产业与广州科技、经济、社会发展的综合评价指数，将其与广州生物医药产业综合贡献值u和广州科技、经济、社会发展综合贡献值w进行对比（见图4-2）。

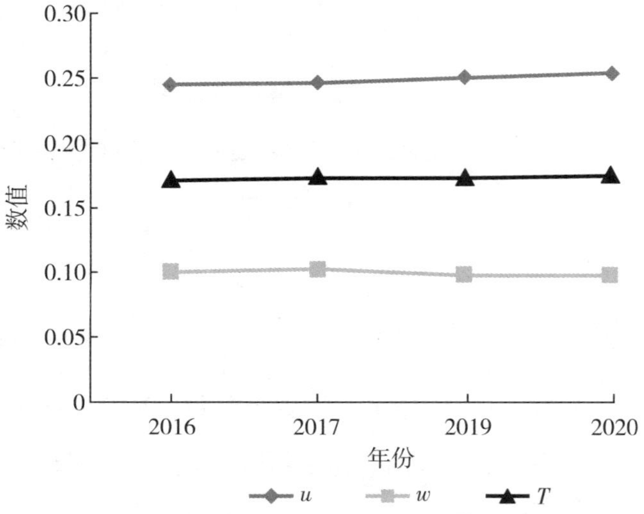

图4-2　广州生物医药产业和广州整体发展耦合系统综合评价指数T和u、w变化趋势

结合以上图表可以看出，广州生物医药产业子系统与广州科技、经济、社会发展子系统在整个耦合过程中所起的作用和相对发展速度存在着一定差异。2016、2017、2019、2020年，广州生物医药产业综合贡献值在0.244～0.254波动，其平均综合贡献值为0.249；广州科技、经济、社会发展综合贡献值为0.097～0.102，其平均综合贡献值为0.099；作为两个子系统的综合评价指数T的年平均综合评价指数为0.174。

广州生物医药产业的发展是由于同期广州科技、经济、社会的发展，广州生物医药产业在耦合系统中处于领先地位。从发展态势来看，广州生物医药产业从2016年开始呈增长态势。而2019年广州科技、经济、社会发展综合贡献值与2017年相比出现4%的跌幅，至2020年恢复平稳。广州科技、经济、社会发展存在波动，疫情没有对其产生太大的冲击，广州生物医药产业获得新一轮的高速发展。

（2）耦合度

根据耦合度模型计算广州生物医药产业子系统与广州科技、经济、社会发展子系统的耦合度C，结果如表4–5所示。

表4–5　耦合系统耦合度C

年份	2016	2017	2019	2020
数值	0.906683715	0.909897429	0.89750084	0.895359251

根据上表的计算结果及耦合度划分标准，从耦合程度上来看，广州生物医药产业和广州科技、经济、社会发展情况在2016、2017、2019、2020年整体处于0.89～0.91，虽然在2019、2020年出现微弱下滑，但总体仍处于高度协调耦合阶段。其反映出广州生物医药产业的发展与广州科技、经济、社会的发展存在紧密的协同关系。广州生物医药产业子系统各项指标的发展不仅影响自身系统的发展，同时也对广州科技、经济、社会发展子系统产生影响。

3. 耦合协调度分析

虽然耦合度和综合评价指数能够反映出广州生物医药产业子系统与广州科技、经济、社会发展子系统之间的相对发展状况，但是不能够准确地揭示二者作为一个耦合整体的协调情况、发展阶段、变化趋势及其原因。为了更加准确地反映出二者耦合系统整体的发展水平，引入耦合协调度模型和耦合协调度动态评价发展趋势模型、序参量贡献等，对耦合系统做进一步分析。

（1）静态耦合协调度

根据广州生物医药产业子系统和广州科技、经济、社会发展子系统综合评价值及待定系数，计算耦合系统耦合协调度，分析耦合系统一级序参量的变化情况（见表4-6、图4-3）。

表4-6　耦合系统耦合协调度D

年份	2016	2017	2019	2020
数值	0.395254736	0.397721071	0.395262571	0.396279906

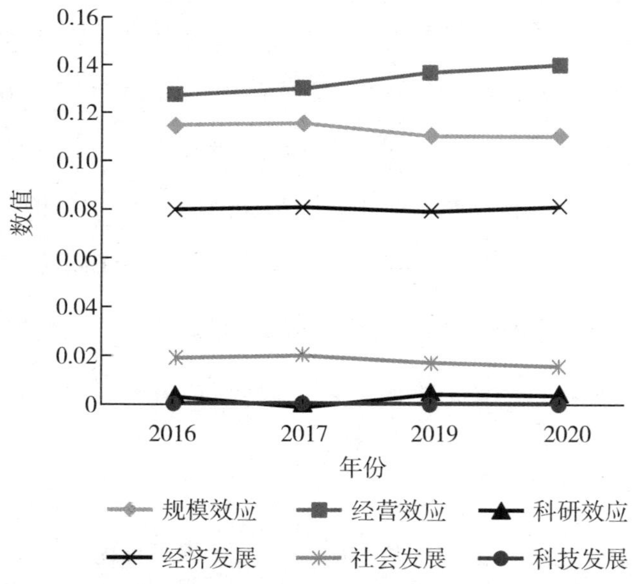

图4-3　广州生物医药产业与广州科技、经济、社会发展耦合系统一级序参量功效变化趋势

从计算结果和耦合协调发展分类体系上看，广州生物医药产业与广州科技、经济、社会发展耦合系统2016、2017、2019、2020年基本在0.39～0.40，处于失调衰退型与过渡型的边缘。由于$w<u$，即广州科技、经济、社会发展综合贡献值低于广州生物医药产业综合贡献值，所以耦合协调度类型属于“濒临失调衰退类科技、经济、社会发展相对滞后型”。

表4-7　广州生物医药产业与广州科技、经济、社会发展耦合系统一级序参量功效

指标	序参量	2016年	2017年	2019年	2020年	平均值	排序
广州生物医药产业	规模效应	0.114	0.115	0.110	0.110	0.112	2
	经营效应	0.127	0.130	0.136	0.139	0.133	1
	科研效应	0.004	0.001	0.004	0.004	0.003	5
广州科技、经济、社会发展	科技发展	0	0	0	0	0	6
	经济发展	0.080	0.081	0.079	0.081	0.080	3
	社会发展	0.019	0.020	0.018	0.016	0.018	4

从表4-7中的一级序参量功效可以看出，发展水平较高的是广州生物医药产业规模效应和经营效应，领先于其他一级序参量，广州经济发展和社会发展序参量功效也相对稳定合理，不至于拖后腿。发展水平较低的是广州生物医药产业科研效应和广州科技发展这两项一级序参量。这说明广州在经济、经营、规模等方面较好地推动了耦合系统的发展，如医药品的销售流通、医疗服务行业比较发达。但广州生物医药的科研工作、科研成果，以及广州的科技发展未能很好地对耦合系统的发展起到推动作用，广州在新药研发、医疗器械研发、科研投入等方面需要进一步加大力度。

（2）动态耦合协调度

根据耦合协调度动态评价发展趋势模型可知：当$L>1$时，整个耦合系统协调发展呈良好的增长态势；当$L<1$时，则呈衰减态势。计算2016、

2017、2019、2020年广州生物医药产业与广州科技、经济、社会发展耦合系统耦合协调度动态评价指数L，结果如表4–8所示。

表4–8 耦合系统耦合协调度动态评价指数L

年份	2016	2017	2019	2020
数值	—	1.006239862	0.993818532	1.002573821

可以看出，2017年耦合系统耦合协调度动态评价指数L数值最高，约1.006。通过分析耦合系统二级序参量功效的变化，发现2020年大幅度提升的主要是当年在研药数量、规模以上企业产业利润。而获得国家科技奖数量、承担国家重点专项数量及其占全国比例则出现比较明显的下降，导致科研效应一级序参量在2020年出现下降。

五、小结

根据评价结果和分析可得出以下结论：一是广州生物医药产业与广州科技、经济、社会发展的耦合度属于高度耦合，即二者的发展存在着紧密的关系，广州生物医药产业各项指标的发展不仅影响自身系统的发展，而且会对广州科技、经济、社会发展产生影响。二是耦合协调度不够高，属濒临失调衰退类，即广州生物医药产业与广州整体发展耦合系统在相互作用中良性耦合程度不高，协调状况较差，没有起到相互促进的作用，甚至可能出现相互制约的情况，原因是广州整体的发展相对滞后于广州生物医药产业的发展。具体来看，广州生物医药产业在科研方面远不及经营和规模方面优秀，广州的科技发展水平与其经济、社会的发展水平不匹配，没有起到足够的推动作用。三是耦合系统的动态耦合协调度在1上下波动，即动态耦合协调度有轻微的增长或衰减，发展趋势还不明朗。广州如何支持生物医药产业发展，生物医药产业如何反哺广州的整体实力，还需从加强科研方面寻找更好的路径。

第五章　广州生物医药产业亟待突破和解决的难点分析

尽管广州生物医药产业正在持续发展，但仍然存在一些需要突破的环节。源头创新和产业碎片化是制约广州生物医药产业发展的两大瓶颈。下面将分别从技术层面和产业环境层面分析广州生物医药产业亟待突破和解决的难点。

一、待突破的关键技术

广州生物医药产业发展迅速，经历了从仿制药到首仿药，再到创新药的发展过程。源头创新始终是广州生物医药产业发展需要突破的瓶颈，是最容易“卡脖子”的环节。本章从各种渠道搜集广州生物医药产业待突破的关键技术，利用层次分析模型甄选出生物医药领域“卡脖子”程度较高的技术，为技术发展路径提出一些建议。

1. 关键技术数据库梳理

（1）技术来源

为确定各领域的关键技术范畴，同时获取相应技术信息以便后续顺利实现识别过程，通过搜集国家、各地科学发展计划、相关调查及研究成果、科技白皮书、企业调研报告、重点研发计划项目和企业技术需求等信息，建立起生物医药领域的关键技术数据库。

（2）识别过程

主要从技术重要性、技术垄断性、技术先进性、技术获得难度及社会经济价值方面去评价待突破关键技术对产业发展的影响程度。

技术重要性。判断是否属于产业价值链核心技术。有些技术虽然和国外差距较大，并且基本依赖国外，但如果这项技术并不是产业价值链的重要环节或者核心，即使被国外管制也不会对我国经济发展造成巨大冲击。

技术垄断性。判断关键技术是否存在技术垄断。如果不存在技术垄断，可以通过国际贸易等多渠道获得该技术，就不属于“卡脖子”技术；如果存在技术垄断，就有可能存在因断供而对产业发展产生较大负面影响的风险。

技术先进性。判断与国际、国内其他城市的技术差距，是否攻克难度大。如果一项技术面临技术垄断风险，但攻克难度不大，即使技术供给方断供，短期内通过加强自主研发、与其他省市合作研发等方式也能满足技术需求，则不属于“卡脖子”技术的范畴。

技术获得难度。判断是否存在技术垄断，根据在一定空间、时间范围内某些技术对某一个国家或地区的依赖程度进行判断。依赖程度可以从低到高分为三级：部分依赖、大多数依赖和完全依赖。部分依赖意味着技术垄断问题并不严重，而大多数依赖或完全依赖则意味着可能存在严重的技术垄断。

社会经济价值。判断技术在广州经济、社会发展中的地位，是否处于价值链核心位置。如果技术不处于全球价值链核心位置，即使存在技术垄断与攻克难度大的情况，也不会对广州经济安全造成严重影响，在资源有限的情况下，暂且先不考虑此类技术。如果处于价值链核心位置，一旦出现“卡脖子”情形，将会对广州经济安全造成致命打击，对产业发展的影响较大。

（3）初步筛选

通过前期搜集、整理待突破的技术，建立生物医药领域的关键技术数据库，并依据技术重要性、技术先进性、技术获得难度等对技术进行初步筛选，生物医药领域筛选出25项技术，将其列入生物医药领域待突破关键技术备选清单（见表5-1）。

表5-1　生物医药领域待突破关键技术备选清单

序号	技术名称
1	超高时空分辨、高灵敏度的生物成像技术
2	先进显微内窥镜成像技术
3	先进磁共振成像技术
4	精准微创诊疗一体化前沿技术
5	精准外科诊疗一体化前沿技术
6	精准放射诊疗一体化前沿技术
7	在体基因编辑及示踪新技术
8	合成基因信息存储
9	生命组学数据质量控制关键技术开发
10	新药创制的核心技术
11	靶标建立及新药成药性评价的关键技术研发
12	256排（512层）宽体高清能谱CT核心部件与整机研发及产业化
13	单孔腔镜手术机器人研发及产业化
14	组织器官替代与再生修复材料和医用原材料的研发
15	临床用单细胞组学技术研发与应用
16	临床用基因组和表观基因组技术研发与应用
17	超时空分辨活细胞分子结构与功能成像及分析

续表

序号	技术名称
18	面向意识障碍患者的脑机接口技术及其临床应用
19	用于结直肠癌早期筛查和复发性预测的液体活检新型技术
20	肿瘤早筛早诊液体活检和人工智能辅助诊断技术开发和产业化
21	基因工程噬菌体联合计算机辅助药物设计靶向多重耐药鲍曼不动杆菌的关键技术研发
22	基于绿色、智能制造理念的中药生产“膜一体化”及在线检测关键技术装备研发与应用
23	动物疫苗冷冻保存技术研究
24	海洋微生物天然药物发现和合成生物学技术优化
25	可移动术中放射治疗系统关键技术

2. 待突破关键技术指标体系与甄选模型构建

（1）待突破关键技术“卡脖子”程度评价指标体系构建

对生物医药领域的关键技术进行梳理、识别后，为了进一步实现对技术的甄选，采用德尔菲法对上述技术进行评价，确定了技术重要性、技术垄断性、技术先进性、技术获得难度、社会经济价值5个指标，构建了生物医药领域“卡脖子”关键技术评价指标体系（见表5-2）。

表5-2　生物医药领域“卡脖子”关键技术评价指标体系

指标类型	指标内容
技术重要性	是否处于领域的核心关键位置
技术垄断性	对其他国家的依赖程度
技术先进性	在全球的领先程度
技术获得难度	攻克难度、替代方案获得难度
社会经济价值	在全球特别是我国经济社会发展中的地位

（2）甄选模型构建

利用层次分析的原理构建技术甄选模型，将具体问题分解为不同的组成因素，按照各种因素之间的相互关系、隶属关系，将其按不同的层次进行组合，从而构成一个多层次的分析模型，使问题演化为最底层（具体的关键技术项目）相对于最高层（甄选“卡脖子”关键技术）的权值比较。

根据技术的标准与技术创新的需求，建立甄选“卡脖子”技术的层次分析模型，具体分为目标层O、指标层C与技术层T，并绘制层次结构图。最高层为目标层O：甄选“卡脖子”技术；中间层为指标层C：判断一项技术是不是“卡脖子”技术的指标；最底层为技术层T：甄选“卡脖子”技术的备选技术（见图5-1）。

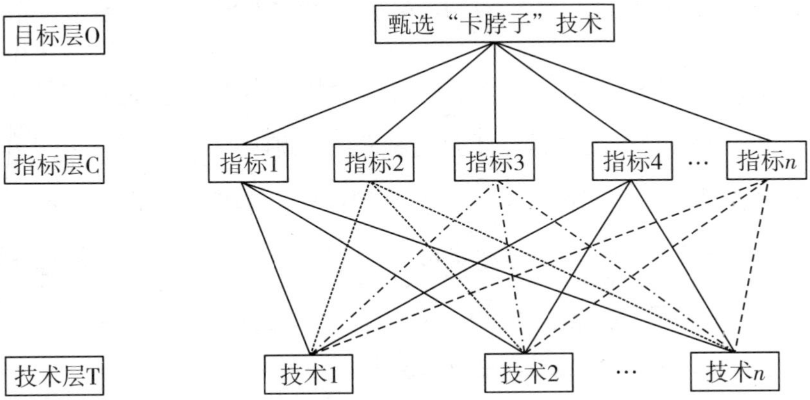

图5-1　“卡脖子”技术甄选模型

3. 待突破关键技术甄选结果与分析

根据对生物医药产业的理解，对甄选技术指标的重要程度做出判断。通过对指标进行比较，形成初步的判断矩阵，对判断矩阵进行综合处理，并检验其一致性，得出最终的待突破关键技术评价指标重要性判断矩阵。通过计算矩阵的特征向量并进行归一化处理，得出各个指标的归一化权重（见表5-3）。

表5-3　生物医药领域各指标的归一化权重

指标名称	技术重要性	技术垄断性	技术先进性	技术获得难度	社会经济价值
权重	0.134	0.068	0.260	0.035	0.503

在生物医药领域，甄选一项技术的“卡脖子”程度，“社会经济价值”“技术先进性”这两个指标起主导作用（见图5-2）。其中，“社会经济价值”指技术在社会经济发展中的地位，“技术先进性”指在世界范围内、全国范围内是否居于领先地位。

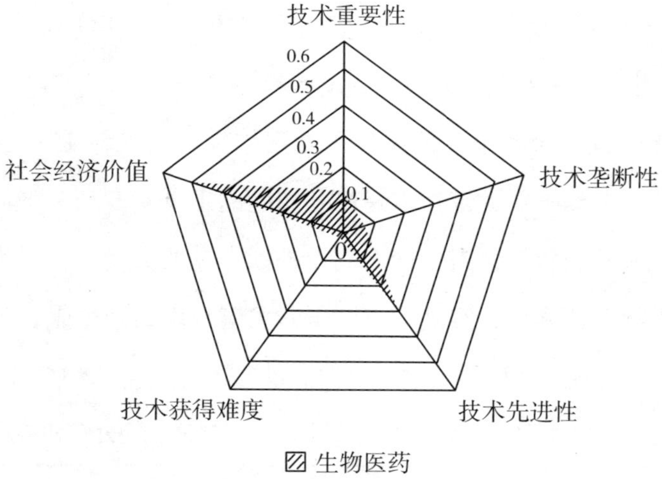

图5-2　生物医药关键技术甄选指标权重

对生物医药领域待突破关键技术备选清单上的各项技术的每个指标进行打分，结合每项技术的标准分和各个指标的归一化权重，通过层次分析法处理计算，得到对应技术的“卡脖子”指数，甄选出3项“卡脖子”程度最高的待突破关键技术（见表5–4）。

表5–4　生物医药领域待突破关键技术“卡脖子”指数前3位

排名	技术名称	“卡脖子”指数
1	256排（512层）宽体高清能谱CT核心部件与整机研发及产业化	1.56
2	超时空分辨活细胞分子结构与功能成像及分析	0.85
3	组织器官替代与再生修复材料和医用原材料的研发	0.76

4. 待突破“卡脖子”关键技术专利分析

专利是技术信息最有效的载体，对于同一信息，专利比技术刊物提供的时间早5～6年；专利涉及的信息中有80%～94%无法通过其他渠道获得，涵盖全球90%以上的最新技术信息。通过文献计量和分析的方法，可以通过各领域专利集中度来判断未来技术的发展趋势。

根据待突破“卡脖子”关键技术甄选结果，对表5–4中3项生物医药领域待突破“卡脖子”关键技术提炼其相应的中英文专利关键词，检索其近10年公开的专利数量，对中国专利及外国专利的数量等情况进行对比分析，评估生物医药领域待突破“卡脖子”关键技术甄选结果，为对待突破“卡脖子”关键技术甄选结果进行评估提供参考（见表5–5）。

表5–5　生物医药领域待突破“卡脖子”关键技术国内外专利数量情况

技术名称	核心技术（中文/英文关键词检索）	中国/外国专利数量
256排（512层）宽体高清能谱CT核心部件与整机研发及产业化	能谱CT energy spectrum CT	93件/583件（美国252件、世界知识产权组织103件、欧洲专利局89件）
超时空分辨活细胞分子结构与功能成像及分析	活细胞成像 live cell imaging	105件/305件（美国118件、世界知识产权组织88件、欧洲专利局28件）

续表

技术名称	核心技术（中文/英文关键词检索）	中国/外国专利数量
组织器官替代与再生修复材料和医用原材料的研发	再生修复材料 wound healing material	39件/2310件（美国556件、世界知识产权组织300件、日本266件）

通过专利计量，分析验证3项生物医药领域待突破“卡脖子”关键技术的专利情况。从专利数量角度看，3项技术相应的国内专利数量全球排名都不是第一，数量相对较少。一方面，说明中国在这些方面的技术相对落后。如果出现国外技术断供的情况，需要通过加强自主研发，攻克技术难关，突破技术垄断，才能实现自主的技术供给。另一方面，对于这些技术，国外比国内更早地开始研究，研究成果也比国内更多，说明甄选得出的3项技术处于价值链核心位置、产业链的重要环节，如果被国外管制，可能会对我国经济发展造成巨大冲击。

从技术占有率的角度看，再生修复材料的研发技术方面中国专利的占有率特别低，中国占外国专利数量的比例及中国占排名第一国家专利数量的比例都非常低，而排名第一国家占外国专利数量的比例较高（见图5-3）。我国在这些方面的技术落后程度更明显，技术攻克的难度更大，更容易出现技术被垄断的现象。

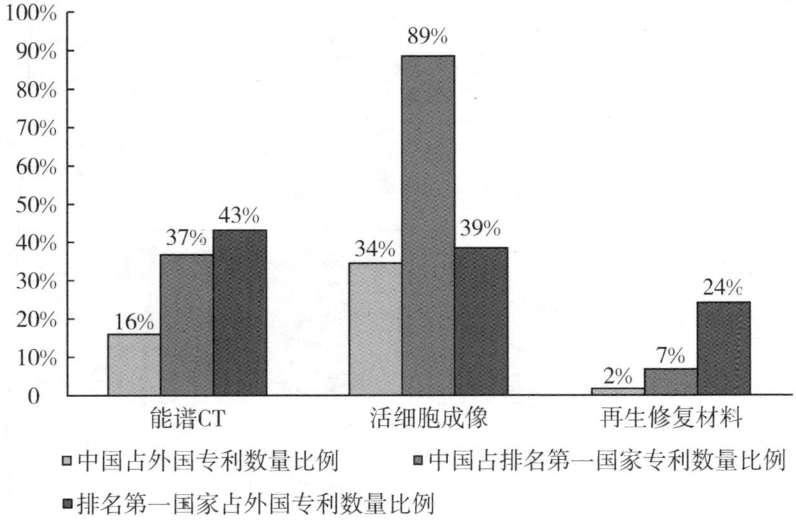

图5-3 生物医药领域待突破“卡脖子”关键技术国内外专利对比情况

二、待解决的瓶颈问题

1. 资金问题

一是广州生物医药企业融资难度大。由于生物医药具有研发周期长、投资额高、风险大等特点，一些小型生物医药企业往往难以通过传统银行贷款等方式获得足够的资金支持。需要加强金融机构与科技型企业之间的合作，推动生物医药企业通过上市、发行债券等多种方式进行融资。

二是资本市场不成熟。广州生物医药行业投融资活动主要集中在企业的扩张期，投融资环境相对谨慎，大部分投资者希望可以尽快获得回报，甚至要求企业获得新药证书、临床批文等，即等到产品成熟、可以投放市场时，风险投资才会介入。对于天使投资等风险投资的机制还不完善。需要加快完善资本市场体系，优化市场结构，提升投资者的信心和风险识别能力。

三是融资渠道不够多元化。大部分广州生物医药企业的融资渠道相对单一，需要鼓励和支持企业多元化融资，如引进天使投资、风险投资、私募股权投资等，进一步拓宽企业融资渠道，提升资金链的可持续性。

2. 人才问题

生物医药产业是人才密集型产业，需要具备较高学历和技术能力的专业人才。但目前广州生物医药行业人才储备不足，制约了广州生物医药企业的技术创新和研发能力提升。

一是缺乏综合性的生物医药人才培养机制。随着广州生物医药产业的不断发展，对高层次人才的需求越来越大。但广州生物医药领域的人才培养机制还不够完善，要积极建设生物医药领域专业化、个性化、国际化的人才培养机制，吸引更多的生物医药专业人才加入行业中，为其发展提供有力的保障。

二是引进优秀生物医药人才需要加强引导和服务。对于优秀生物医药人才来说，不仅需要评估其专业技能和实践经验，还需要了解其职业志向、价值观和团队协作能力。应通过构建一套完备的人才引进机制，让他们有更好的发展平台和更大的成长空间，从而确保他们的技术和才华得到充分发挥。

三是缺乏完善的人才激励机制。在生物医药行业，人才是最宝贵的资产。通过制定完善的人才激励机制，可以吸引更多的人才投身到生物医药领域的创新研发工作和成果转化工作中来，从而提高广州生物医药行业发展的竞争力。激励手段可以包括提供高薪酬待遇、实施股权激励计划、提供岗位晋升和各种培训机会等。

3. 政策问题

一是政策的协调性还不够。广州生物医药产业涉及多个政府部门、多个层级的政策制定和执行，因此政策协调性是非常重要的。当前不同政策的交叉影响和协调还存在一定的问题，需要加强政策协调平台的建设，确保各部门的政策草案不会相互冲突，从而更好地促进广州生物医药产业的发展。

二是政策执行须进一步强化。广州生物医药产业政策虽然相对完善，但是在实际执行中仍存在不少问题。比如，部分政策执行力度不够大，监督跟进不够及时，申请流程烦琐，等等。因此，政府部门需要加大社会监督力度、加强政府间协调，全面完善广州生物医药产业的政策执行机制，确保政策切实落地。

三是政策的时效性和针对性有待提高。广州生物医药产业不断发展，相关政策需要根据变化及时调整。同时，还需针对广州生物医药产业发展的新情况、新问题、新需求，推出更具针对性和前瞻性的政策措施，以促进广州生物医药行业高质量发展。

第六章　结论与建议

一、主要研究结论

综合前述研究分析得出以下结论：

一是广州生物医药产业链布局比较完整，产业规模稳步上升并保持较高增速，但产业规模仍有待提升。生物医药产业是广州重点发展的战略性新兴产业之一，经过多年的深耕，在全国范围内具备一定的竞争力，产业链覆盖了现代中药、化学药、生物药、医疗设备、医疗器械等多个赛道，近年在国内兴起的CXO服务在广州也有所发展。医药制造业规模以上企业数量持续增加，从2017年的83家发展到2021年的137家，4年增长65%；医药制造业规模以上企业总产值从2017年的290.31亿元增加到2021年的499.99亿元，复合增长率达14.56%，高于苏州（12.16%）、上海（9.26%）、杭州（7.15%），产业规模增长速度在全国位列前茅。广州生物医药产业成长速度不断加快，呈现后劲十足的良好态势，但总体产业规模与北京、上海、深圳、杭州、苏州相比还有一定的差距。

二是政府政策补贴力度大，产业园区形成全产业链生态布局。为将广州打造为粤港澳大湾区生命科学合作区和生物医药研发中心，近年来广州每年都制定并落地一系列配套政策和措施，包括修订《广州市加快生物医药产业发展若干规定》，推出“生物医药10条”“中医药10条”，发布“广州市生物医药产业创新补助（2021年）”项目等，不断加大补贴力度，促进生物医药产业向高端化、规模化、集约化发展。广州生物医药产业园区形成研发在生物岛、中试在科学城、制造在知识城的全产业链生态布局。广州高新技术产业开发区在2022年国家生物医药产业园区竞争力排名中，综合竞争力排全国第6位，园区环境竞争力排全国第8位，同时广州高新技术产业开发区科学城园区是广东省内唯一入选国家发展改革委2022年区域双创示范基地督查激励推荐名单的园区。产业政策的支撑与产业园区的发展共同营造了良好的产业环境，共同推动广州形成全域布局。

三是广州生物医药科研成绩突出，新药研发与医疗器械取得进展。广州生物医药产业经过多年的深耕，近年在新药和医疗器械领域的产品成果迎来高速增长。新药研发方面，2021—2022年新药申请受理获CDE审批共198件，比过去5年加起来的新药申请受理获批数量都要多，近年新药申请中不乏奥雷巴替尼片等填补国内临床空白的1类新药。医疗器械方面，广州第三类医疗器械获批产品数量增长率连续2年保持在20%以上（2021年同比增长26.7%，2022年同比增长39.5%）。专利方面，2018—2022年广州生物医药领域专利数量年均复合增长率为58.19%，尤其在IPC小类G01N领域最多，主要是体外诊断测试或分析材料，显示出广州体外诊断领域的专利布局热度较高。

四是广州生物医药领域重视科研能力提升，科研院所、创新平台建设取得新进展。2023年底，在广州的粤港澳联合实验室已有18家，其中有多家主攻生物医药赛道。近年生物医药方向多个创新建设取得新进展：广州生物岛实验室与德国马普学会搭建马普组织干细胞与再生医学研究中心；以广州医科大学附属第一医院为主体之一设置国家呼吸医学中心；新黄埔中医药联合创新研究院落户广州高新技术产业开发区；等等。为广州生物医药产业发展提供基础保障和关键技术支撑，对推动粤港澳大湾区生物医药产业的蓬勃发展发挥积极的支撑作用。

五是细分领域发展不均衡，优势突出，但短板明显。广州在传统药、仿制药、检验检测方面发展优势明显，开展仿制药一致性评价取得突破，核酸检测能力全国第一，但是广州生命与健康产业的优势领域存在门槛低、利润低、原创性不高的情况。2022年广州新增Ⅲ类医疗器械注册中，IVD占比51%，产品类型单一。2022年广州新增新药IND审批受理91件，远少于上海（383件）、北京（147件），创新药研发能力差距较大。这说明现阶段广州生命与健康产业“偏科”严重，多追求短平快，综合创新实力不足，短板明显。对要长期和大规模投资的新药研发和高端医疗器械制造领域的投入还不够，其产出还不足。

六是研发链条配套服务有待健全。广州暂未有P4实验室，缺乏能做大动物实验的高等级P3实验室，缺乏高级别生物安全实验室，难以支撑生物安全相关研究的开展。广州CXO产业服务需求多，但CXO环节处于起步阶段，本地CXO企业不够高端化、国际化。博济医药科技股份有限公司是广州唯一一家上市CXO公司，其市值和利润在国内排名均未进入前10名。全国市值前10名的CXO上市企业主要集中在北京、上海、杭州，广州CXO产业整体规模偏小，龙头企业不足，大量本地创新药企的外包需求由上海、苏州的公司满足。生物医药初创企业资金有限，吸引国际资本的能力较弱，少有愿意投资早期生物医药企业的广州投资机构，投融资配套服务能力不足。

七是企业与高校和科研院所对接沟通不畅，资源利用率不高。广州科教研医资源虽然丰富，但分布在各高校、科研院所和企业中。全市的生物医药技术平台多为企业和研发机构自用，尚未形成有效的共享开放机制，缺乏有效的集中管理和开放运营机制。科研评价导向追求专利、论文等，大批成果专利停留在高校和科研院所，有待发掘并向市场转化，科技成果转化效果不明显，集群配套组织单薄，与产业技术创新需求存在差距。一方面，虽然广州三甲医院数量较多，但区域内生物医药企业与这些医院的沟通协作较少，同时药企与高校缺乏协作，如广州大学城距生物岛近，但产学研融合不深，创新成果转化体系没有形成；另一方面，广州市生物产业联盟的会员单位间开展全产业链合作较少，一边是企业舍近求远到域外寻求临床资源合作，另一边是大量优质的科研资源闲置，缺少一个产学研多方信息共享、供需匹配、高效对接的平台，凸显出广州集群组织少、无法发挥作用的问题。

八是广州生物医药产业与广州科技、经济、社会发展的耦合度较高，但耦合协调度不足。广州生物医药产业与广州科技、经济、社会发展的耦合度属于高度耦合，二者的发展存在紧密的关系，生物医药产业各项指标的发展影响自身系统的发展，也会对广州科技、经济、社会发展产生影响。但广州生物医药产业与广州整体发展耦合系统在相互作用中良性耦合程度不高，协调状况较差，相互促进作用发挥不明显，甚至可能出现相互制约的情况。原因是广州整体发展相对滞后于广州生物医药产业发展。具体来看，广州生物医药产业在科研方面远不及在经营和规模方面优秀，广州的科技发展水平没有匹配上其经济、社会的发展水平，没有起到足够的推动作用。二者的耦合系统的动态耦合协调度在1上下波动，发展趋势还不明朗。要实现广州支持生物医药产业发展，生物医药产业反哺广州整体发展的耦合关系，还应从加强科研等各方面寻找更好的路径。

九是部分待突破关键技术存在“卡脖子”风险。广州生物医药领域侧重技术先进性、社会经济价值。“卡脖子”程度较高的技术有256排（512层）宽体高清能谱CT核心部件与整机研发及产业化、超时空分辨活细胞分子结构与功能成像及分析、组织器官替代与再生修复材料和医用原材料的研发等。广州生物医药产业是广州的重点发展产业，在能谱CT、活细胞成像、再生修复材料等方面都有申请专利，但在再生修复材料方面国内专利数量比例相对较低，需要加大投入。

二、发展建议

一是抓准发展战略定位，做深做实顶层设计。生物医药产业是广州重点发展的战略性新兴产业之一，在高质量发展的新起点上，广州作为广东省省会、粤港澳大湾区核心城市之一，要抓准打造粤港澳大湾区“具有全球影响力的国际科技创新中心”的战略定位，集聚粤港澳大湾区生物产业链上下游产业和创新资源，打造具有国际影响力的生物医药与健康产业高地。

广州生物医药产业已初步形成规模化、集群化、融合化和生态化的发展优势，并处于先导地位，总体水平跻身国家第一梯队。广州要继续壮大生物医药与健康新兴支柱产业，夯实生物医药与健康产业创新基础，提升生物医药与健康产业发展质效，就要坚持规划先行导向，科学制定产业规划方案，重点突出产业发展主线，从产业发展目标、具体措施、奖惩制度、监管制度等方面进一步完善生物医药产业扶持政策，持续引导产业良性循环，促进广州生物医药产业高质量发展。

二是持续推进重大创新链研发平台建设，完善产业集群服务配套体系。继续聚焦产业发展共性需求与薄弱环节，建立共性技术平台，解决跨行业、跨领域的关键共性技术问题。支持水平先进、与国际接轨的机构快速扩大规模，为广州打造国际一流的、通过FDA和OECD认证的创新服务平台，支撑广州新药研发实现国际国内双申报。加快发展一批生物医药研发外包企业，加快临床CXO产业发展，寻求差异化发展机会。坚持重点引进和资助培育相结合，遴选优秀生物医药合同研发服务机构和团队，形成覆盖药物筛选、药物研发、工艺开发、质控评价、中试放大等全产业链服务的合同研发组织机构服务平台，构建“合同研发（CRO）+合同生产（CDMO）”产业服务链条，提升生物医药研发和生产服务能力。搭建多领域合作交流平台，促进CXO产业链上下游资源对接融合，引领、规范、促进CXO发展，组织制定CXO服务的标准、规范、流程、指南。发挥生物创投联盟的辐射效应，加快吸引一批国内外生物医药领域的知名PE（私募股权投资）、VC（风险投资）机构落户广州，继续壮大广州科创母基金、各类子基金和信贷风险资金池，引导社会资本在生物医药与健康领域“投早”“投小”“投长”“投险”，赋能有创新潜力的企业跨越“达尔文之海”，开辟“高新技术企业—专精特新企业—独角兽企业—上市企业”发展“快车道”。

三是强化生物医药核心技术供给，提升医药研发与生产能力。坚持科学研究、器械研发和临床救治协同，围绕临床救治、药物和疫苗研发、检测技术和产品、病毒病原学和流行病学，以及动物模型构建等重大主攻方向，加大研发投入。积极发展肿瘤免疫细胞治疗、干细胞治疗、基因治疗等先进医疗技术，加强干细胞应用基础研究和转化研究，推动细胞治疗等新治疗手段的规范化临床应用。大力支持创新药早期临床开发研究和加快大品种的二次开发与培育，大力支持对制约生物医药产业的关键共性技术瓶颈开展联合攻关，推动科技成果转化和产业化，提升行业和企业技术研发、创新能力。不断加强高端医疗设备产业上游产学研合作研发投入，突破底层桎梏，鼓励通过投资、收购，学习并掌握核心技术，并在此基础上实现合作创新、迭代创新。立足已有生物医药细分行业龙头的行业地位及产业基础， 提高优势产品的技术水平和质量标准，发挥龙头平台作用， 通过市场行为进行“补链”“强链”，打造优势产业链。研究制定针对潜在瞪羚企业、独角兽企业的扶持政策，如资金、技术、平台等方面的支持政策，培育一批具有国际影响力的创新型生物医药企业、“隐形冠军”企业和独角兽企业。

四是提升高端医疗器械发展水平。建立促进医疗器械产业高质量发展工作协调机制，打造一批具有国际影响力的自主品牌骨干企业，形成对标世界一流水平的高端医疗器械产业集群。持续优化二类医疗器械审评审批，除了在审批流程及产品招标等方面提供“绿色通道”外，出台相应政策，逐步提高国产创新产品的政府采购比例，鼓励使用本土品牌医疗器械。采取有力措施推动医疗器械创新，完善考核机制和分配机制，健全有利于产品创新的激励机制，并通过这种激励机制激发企业积极性，鼓励支持创新产品研发上市。针对广州高端医疗器械CT、活细胞成像、再生修复材料等关键核心技术尚未攻克等问题，从人力、物力、财力等多个维度全面支持，加速追赶国外先进医疗科技的步伐。深入开展医疗器械安全专项整治，通过关联抽检、日常检查、不良事件监测等监管信息，摸排潜在安全风险，做到最快速度发现风险和最大限度地控制风险。

五是培育发展新型健康服务业，积极支持LDT试点。瞄准精准医疗、智慧医疗需求，依托基因检测和个体化治疗技术进步，构建精准诊疗平台和临床转化体系，建设国际领先的精准医疗中心。在医学检验领域，积极支持LDT试点，鼓励开发“整合式”平台技术，研发高端检验检测一体化设备，攻克仪器的稳定性、可靠性、微型化和智能化等关键技术。在精准医疗的大趋势下，加快推进LDT项目服务于临床是大势所趋，有条件地允许LDT项目服务于临床推广，推动各级临床医学研究中心和生物样本库建设，探索建立医学检验诊断数据质量控制体系与制定标准。出台相应的LDT监管办法，政策覆盖技术成熟的第三方医学检验机构，鼓励医检业务外包，将第三方医学检验机构作为公立医疗机构的补充。支持检验检测产品纳入医保目录。

六是优化产业支撑服务平台资源集中管理协同机制，推动科研成果转化。探索成果共享机制，加强高校和科研院所与企业之间的有效对接，进一步强化产学研一体化发展模式。支持科研院所、企业的专门技术实验室和测试基地开放实验资源，满足产业对共性技术的需求。支持以企业为主体，与高校、医疗机构等建立联合实验室和GLP机构、GCP机构、实验动物资源库等公共研发服务平台，精准匹配产业成果和企业研发需求。支持广州市创新药物临床试验服务中心建设运营，加速临床试验高端要素和全链条服务体系聚集发展。加强企业与高校、科研院所在创新研发上的协同合作，推动生物医药企业与三甲医院在临床创新方面全面合作，加速推进生物医药创新成果产业化。建立生物医药产业知识产权专家小组， 支持企业快速进行国内外PCT专利布局， 引导民间资本向有核心知识产权的生物医药企业进行投资，整合医药合同外包机构资源，降低研发成本，缩短研发周期，并引入质量监管及保障体系，以此提高创新成果的产业化程度。

七是促进创新要素自由流动，加强大湾区跨境交流合作。立足粤港澳大湾区区位优势，充分发挥广州、深圳的核心引领作用，带动珠海、佛山、中山、惠州、东莞、肇庆等地，打造布局合理、错位发展、协同联动、资源集聚的生物医药发展格局。充分发挥香港、广州、深圳的优质高端创新资源，以企业创新需求为牵引，对接创新链科技成果转化关键节点，推进战略性基础研究知识创新与前沿技术研发。以深化创新要素的自由流动体制机制为核心目标，在CEPA（《内地与香港关于建立更紧密经贸关系的安排》）框架下，推动香港和澳门高校在广东设立校区，推进高技能港澳人才个税征收改革，破除科技资金流动障碍，创新科研用品与数据流动体制机制。研究制定专门办法，对科研合作项目需要的医疗数据和血液等生物样品，跨境在大湾区内限定高校、科研院所和实验室的使用进行优化管理。加强香港与内地在生物制品等出入境检验检疫和通关等方面的合作，探索实验动物采用注册备案通关管理机制。打通跨境科研物资自由流动关键环节，切实解决要素高效便捷流动问题，为建设粤港澳大湾区生命健康产业创新区提供支撑。

八是打通“卡脖子”关键技术研究成果转化关键环节。针对广州高端医疗器械CT、活细胞成像、再生修复材料等关键核心技术尚未攻克等问题，建议通过高校、科研院所与生产企业联合，以需求为导向，深化应用研究，打通成果转化关键环节，突破超高清CT、PET-CT（正电子发射计算机断层显像）等高端医疗器械及人工智能应用等“卡脖子”技术，推进CT、MRI（磁共振成像）、PET-CT、ECMO等高端医疗设备及人工智能技术的国产化和本土化。广州发布的生物医药产业新政，全方位、多角度、高标准给予生物医药产业更大的支持力度和更完善的激励机制。通过政策引导，撬动社会资本投入生物医药领域，引导更多人关注生物医药领域科研发展，加大政府对生物医药领域科研的经费投入。建议分别在国家重大科技计划、基础和前沿技术研究、生物医药领域科技人才培养和团队建设领域加大投入，着力补齐发展短板。

九是营造创新环境，打造生物医药产业市场。广州市政府应从技术引进、产品科研、专利保护、市场开发等方面，以市场为导向、生物医药研发企业为主体，为生物医药产业发展营造良好的创新环境。加速生物医药研发成果产业化，积极推进科技体制改革，发挥广州生物医药产业在粤港澳大湾区的区位优势，打造生物医药产业市场，努力形成多层次、多渠道、全方位的知识技术、产品交易供需网络，进一步推动广州生物医药制造业生产力稳步提升，促进地区生物医药科技成果产品化、产业化。